RENATE ZIMMER

# Bewegung erleben in der Kita

HERDER
FREIBURG · BASEL · WIEN

Völlig überarbeitete Neuausgabe von Kreative Bewegungsspiele 2021
(24. Gesamtauflage)


Hermann-Herder-Str. 4, 79104 Freiburg

www.herder.de

Bei Fragen zur Produktsicherheit:
produktsicherheit@herder.de

Umschlaggestaltung: Stefan Weigand
Illustrationen auf dem Cover: © Apolinarias – Shutterstock; ONYXprj – Shutterstock
Illustrationen im Innenteil: © GraphicsRF – Adobe Stock
Fotos im Innenteil: © Renate Zimmer; S. 69: © FatCamera – iStock

Satz und Gestaltung: Sabine Ufer

Herstellung: Graspo CZ, Zlín
Printed in the Czech Republic

ISBN Print 978-3-451-38936-8
ISBN E-Book (PDF) 978-3-451-82271-1
ISBN E-Book (EPUB) 978-3-451-82274-2

# Inhalt

# Einleitung

5

Scheinbar aus dem Nichts kreieren Kinder Bewegungsspiele: Da wird der Pappkarton zum Schiff, Zeitungen zu flatternden Fahnen, der Joghurtbecher zum Slalomstab usw. Sie schaffen aus Vorhandenem Neues – Kraft ihrer Fantasie, die noch nicht durch zweckdienliches Denken eingeschränkt ist. Sie sind ständig auf der Suche nach neuen Erfahrungen – dank ihrer Neugierde, die die Bedeutsamkeit der Dinge selbsttätig entdeckt. Kinder setzen sich über den üblichen Verwendungszweck der Dinge hinweg und interpretieren ihn einfach neu.

Diese Fähigkeiten und Kompetenzen können als Kreativität bezeichnet werden: Selber etwas schaffen, hervorbringen, gestalten, neu denken, auch einmal »um die Ecke denken« – also die Dinge aus einem ungewohnten Blickwinkel betrachten. Situationen aus einer neuen Perspektive zu sehen und eigene Ideen zu entwickeln, gehört zu den Grundlagen für die Entwicklung von Problemlösefähigkeit, einer wichtigen Kompetenz, die der Mensch zeit seines Lebens braucht, um Herausforderungen zu bewältigen. Die Voraussetzungen hierfür werden schon in den ersten Lebensjahren geschaffen.

Das Entdecken und Erkennen der eigenen Ressourcen, das Wecken der schöpferischen Kräfte im Menschen ist ein wichtiges Bildungsziel, das in Familie und Elternhaus, vor allem aber auch in Krippe und Kindergarten gefördert und unterstützt werden kann.

Bewegungsspiele bieten hierfür gute Gelegenheiten. Sie geben Kindern Möglichkeiten zum Erkennen der eigenen Stärken, zur Weckung ihrer schöpferischen Fähigkeiten. Das Experimentieren mit dem Material und das Finden eigener Spielideen sind der Ausgangspunkt ihres Tuns. Noch ist für die Kinder fast alles neu, die Welt will entdeckt und gedeutet werden. In der Gruppe lassen sich die Kinder »anstecken«, eine Idee führt zur nächsten, in der Interaktion mit anderen entstehen neue Anregungen. Über den Körper, über alle Sinne eignen sich Kinder ihre Umwelt an, sie setzen sich dabei mit sich selbst, aber auch mit den anderen auseinander, entdecken die spezifischen Eigenschaften der Dinge und funktionieren sie auch einfach um, schaffen im Spiel neue Verwendungsmöglichkeiten.

Wie diese ursprüngliche Bereitschaft der Kinder, sich auf Neues einzulassen und die Dinge in neue Sinnzusammenhänge zu stellen, unterstützt und herausgefordert werden kann, wie dies im Kontext einer psychomotorischen Erziehung erfolgen kann, ist Thema des vorliegenden Buches.

Am Beispiel des Spiels mit Recyclingmaterialien und ausrangierten Gebrauchsgegenständen wird aufgezeigt, wie oft nur wenige Impulse ausreichen, um mit den Kindern kreative Spielideen zu entwickeln. Fantasie ist bei den Kindern, aber auch bei den pädagogischen Fachkräften gefragt, wenn es darum geht, bekannte Objekte in einen neuen Sinnzusammenhang zu stellen und bewegte Spielideen damit zu kreieren.

Sie finden in diesem Buch eine Fülle von Bewegungsanregungen, die dazu beitragen sollen, die Fantasie, die Neugierde und den Einfallsreichtum der Kinder zu wecken (und zu nutzen); sie sprechen jedoch ebenso die Kreativität der pädagogischen Fachkräfte und Eltern an, denn es sind ja die Erwachsenen, die die Kinder in ihrem Spiel begleiten, ihr Tun verstärken, Erfolge bewusst machen. Bewegt spielen lässt sich mit einfachsten Mitteln, vom Bierdeckel über den Joghurtbecher bis zur Zeitung.

Immer geht es um Fantasie in Bewegung! Impulse und Spielideen, sowie das notwendige Know-how mit Basiswissen und Praxistipps zur Umsetzung im Alltag finden Sie in diesem Buch. Ob im Kindergarten, in der Kita oder zu Hause – bewegte Spielideen funktionieren mit ganz einfachen Mitteln.

Lassen Sie sich inspirieren!

*Renate Zimmer*

# Kapitel 1

## Laufen, springen, werfen: Kreative Spiele mit Recyclingmaterial

Erwachsene werfen oft gedankenlos Dinge weg, die für Kinder einen hohen Spielanreiz haben: Zeitungen, Papprollen und Joghurtbecher, Bierdeckel und Gardinenschnüre – all diese Dinge werden in der Fantasie des Kindes ganz anders eingeschätzt, als wir Erwachsene es uns meist vorstellen können.

Durch Papprollen kann man Bälle kullern lassen oder sie als Fern- oder Sprachrohr benutzen. Mit Joghurtbechern kann man balancieren, mit Zeitungsrollen und Luftballons lässt sich Federball spielen etc.

Das Umfunktionieren des Materials wird von den Kindern meist selbstständig vorgenommen. Sie brauchen keine Erklärung, wie die Geräte zu benutzen sind, allenfalls Impulse, um die Vielseitigkeit des Materials zu erkennen.

Im Spiel erhalten die Objekte *Symbolcharakter*: Ein Bettlaken wird zu einem Gespenstermantel, ein Bierdeckel zu einem Stein, den man nutzen kann, um einen flachen Fluss zu überqueren, eine Zeitung zur Pfütze etc.

So sind die folgenden Spielideen als Impulse zu verstehen, manchmal reicht eine »zündende Idee«, um die Fantasie der Kinder zu wecken und zu weiteren Spielszenarien anzuregen (vgl. hierzu auch Beins 2020, Beudels 2019, Köckenberger 2012, Zimmer 2013, 2018).

# Bewegungsideen mit Zeitungen

Ein auf dem Boden liegendes Zeitungsblatt wird im Spiel mit den Kindern als Wasserpfütze oder See gedeutet. Es gibt große und kleine Blätter – also auch große und kleine Pfützen, die zu vielen fantasievollen Bewegungsspielen einladen.

Die Kinder üben und erproben ihre Sprungkraft und ihre Gleichgewichtsfähigkeit, sie schätzen Abstände zwischen den »Wasserstellen« ein und verändern sie je nach Aufgabe. Im Spiel differenzieren sie ihre visuelle Wahrnehmungsfähigkeit, üben sich in der Größen- und Formwahrnehmung, sie erkennen, dass eine Zeitung längere und kürzere Seiten hat und dass man beim Überspringen von der einen oder anderen Seite aus unterschiedlich viel Kraft benötigt.

WISSEN KOMPAKT

## Die Welt erleben über Bewegung

Das Kind nimmt die Welt weniger mit dem »Kopf«, also mit seinen geistigen Fähigkeiten, über das Denken und Vorstellen auf, es nimmt sie vor allem über seine Sinne, seine Tätigkeit, mit seinem Körper wahr. Über Bewegung gewinnt das Kind Kontakt zu seiner Umwelt; Bewegung verbindet seine Innenwelt mit seiner Außenwelt. Die Welt erschließt sich dem Kind über Bewegung, Schritt für Schritt ergreift es von ihr Besitz. Mithilfe von körperlichen und Sinneserfahrungen bildet es Begriffe; im Handeln lernt es Ursachen und Wirkungszusammenhänge kennen und begreifen.

# Pfützenspringen

**Mitspieler:**
beliebig viele

**Material:**
Zeitungen

**Ort:**
Bewegungs- oder Gruppenraum

**Die Idee:** Mehrere verschieden große Zeitungsblätter liegen ausgebreitet auf dem Boden. Sie stellen Pfützen dar, die sich nach dem Regen auf der Straße oder in der Landschaft gebildet haben. Mit den Kindern wird überlegt, welche Spiele sich mit den »Pfützen« erfinden lassen.



**Spielimpulse:**

- Um alle Pfützen herumlaufen (keine »nassen« Füße bekommen).
- Über die Pfützen springen, dabei mal über die schmale Seite der Zeitung, mal über die breite Seite springen.
- Mit beiden Füßen mitten in die Pfützen hineinspringen.
- Auf beiden Beinen oder auf einem Bein springen, dabei eigene Formen des Springens ausprobieren.
- Von einer Pfütze zur anderen gehen oder springen; falls die Zeitungsblätter zu weit auseinander liegen, diese so anordnen, dass man von einem Blatt zum anderen gelangt.
- Wie ein Hase um alle Pfützen herumhüpfen, dabei die Hände zum Stützen auf den Boden aufsetzen und mit den Füßen nachspringen.

# Laufspiele mit der Zeitung

**Mitspieler:**
beliebig viele

**Material:**
Zeitungen

**Ort:**
Bewegungs- oder Gruppenraum

**Die Idee:** Die Zeitung wird an zwei Ecken mit den Händen festgehalten. Was passiert beim Laufen? Beim Laufen flattert sie über dem Kopf, sie wird zu einem »Dach«, das gegen Regen schützt. Wie verändert sich das »Dach«, wenn man schnell oder wenn man langsam läuft? Wie groß muss das Dach sein, um zwei Köpfe vor Regen zu schützen und wie muss man sich dann damit am besten fortbewegen, ohne dass es »reinregnet«?

**Spielimpulse:**

- Wenn man die Zeitung im Stehen an den Körper hält, fällt sie herunter, wenn man schnell läuft, bleibt sie am Bauch »kleben«. Wie schnell muss man laufen, damit sie »kleben« bleibt?
- Auf welchen Körperteilen kann man die Zeitungen noch transportieren?

# Schlittschuhlaufen

**Mitspieler:**
beliebig viele

**Material:**
Zeitungen

**Ort:**
Bewegungs- oder Gruppenraum

**Die Idee:** Die Zeitungen werden mehrfach gefaltet, jedes Kind erhält zwei »Schlittschuhe«, mit denen es über den Boden rutschen und schlittern kann. Die Kinder probieren zunächst einmal aus, wie man schlittern muss, damit man die »Schuhe« unterwegs nicht verliert.



**Spielimpulse:**

- Beidfüßig auf den »Schlittschuhen« rutschend ein anderes Kind zu fangen versuchen.
- Mit zwei Füßen auf einem »Schlittschuh« stehen und darauf durch den Raum rutschen.
- Welche anderen Spiele mit den Schlittschuhen fallen den Kindern noch ein? (z. B. sich mit den Händen auf der Zeitung aufstützen und sie über den Boden schieben etc.).

# Zeitungsbälle

12

**Mitspieler:**
beliebig viele

**Material:**
Zeitungen, evtl. Reifen, Kiste, Korb

**Ort:**
Bewegungs- oder Gruppenraum

**Die Idee:** Die Zeitungen werden zusammengeknüllt und zu Bällen geformt. Diese Bälle sind leicht und weich, sodass es nicht wehtut, wenn man von ihnen getroffen wird. Welche Spiele lassen sich mit den Zeitungsbällen erfinden?

**Spielimpulse:**

- Wie weit kann man mit den Zeitungsbällen werfen?
- Die Spielleitung hält in der Mitte des Raumes einen Reifen hoch, die Kinder versuchen, durch den Reifen hindurchzuwerfen. Sie wählen selbst den Abstand zum Reifen.
- In der Mitte des Raumes steht eine Kiste (oder ein Korb). Die Kinder versuchen, ihren Zeitungsball in die Kiste zu werfen, dabei legen sie den Abstand selbst fest.
- Alle Bälle werden in die Kiste gelegt. Zwei bis drei Kinder stehen an der Kiste und werfen so schnell wie möglich die Zeitungsbälle heraus, die anderen Kinder sammeln sie schnell vom Boden auf und legen oder werfen sie wieder in die Kiste. Gelingt es, die Kiste ganz leer zu bekommen?
- **Wildes Spielvergnügen:** Alle bewerfen sich gegenseitig mit den Zeitungsbällen – wie bei einer Schneeballschlacht.

# Zeitungsrolle und Luftballon

**Mitspieler:**
beliebig viele

**Material:**
Zeitungen,
Luftballons

**Ort:**
Bewegungs- oder Gruppenraum

**Die Idee:** Eine Zeitung (Doppelblatt) wird der Länge nach aufgerollt, sodass ein fester Stab daraus entsteht. Der Zeitungsstab lässt sich gut mit einem Luftballon kombinieren. Beide Materialien sind leicht, und ihre Oberflächen passen sich einander an.



**Spielimpulse:**

- Der Luftballon wird auf dem waagerecht gehaltenen Stab balanciert. Dazu kann man den Stab entweder mit beiden Händen an den Enden fassen oder ihn nur mit einer Hand halten.
- Der Luftballon wandert auf dem Stab hin und her, ohne ihn zu verlassen. Der Stab muss hierbei den Bewegungen des Ballons genau angepasst werden.
- Man kann den Luftballon auch wie ein Zirkuskünstler auf dem Stabende balancieren. Dazu müssen die eigenen Körperbewegungen möglichst immer der Flugbahn des Ballons nachgeben.
- Der Ballon wird durch einen Impuls mit der Spitze des Zeitungsstabs in die Luft gespielt und auch wieder mit ihm aufgefangen.
- Mit dem Stab kann der Ballon auch auf den Boden geprellt werden, sodass er immer wieder hochspringt.
- Der Luftballon liegt auf dem Boden und wird mit dem Stab durch den ganzen Raum geführt, dabei kann er um Hindernisse herum oder auf ein Ziel gerollt werden.
- Zwei Kinder stehen sich gegenüber und spielen sich den Luftballon mit den Zeitungsrollen zu.

# Verkleiden

**Mitspieler:**
beliebig viele

**Material:**
Zeitungen, Wäscheklammern

**Ort:**
Bewegungs- oder Gruppenraum

**Die Idee:** Mit Wäscheklammern werden die Zeitungsblätter an der Kleidung befestigt. Die Kinder helfen sich dabei gegenseitig. So entsteht ein Zeitungsmantel, ein Rock, ein Hut oder eine Schürze.

**Spielimpulse:**

- Werden jeweils zwei Blätter an den Schultern festgeklammert, erhält man Flügel, die beim Laufen flattern.
- In Gruppenarbeit können Kleidungsstücke für ein Kind entworfen werden: Ein Kind ist ein Model, die anderen sind Modedesigner und entwerfen mit dem Zeitungspapier Kleidung, die anschließend vom Model präsentiert wird.
- Zwei Kinder sind mit einem Zeitungsbogen, der mit Wäscheklammern an die Kleidung geklammert ist, verbunden. Die Kinder versuchen sich nun so zu bewegen, dass der Bogen nicht reißt oder sich von der Kleidung löst. Das Spiel kann durch Veränderung der Bewegungsgeschwindigkeit oder durch verschiedene Hindernisse, die im Raum stehen, variiert werden. Auch kann sich dadurch ein Fangspiel ergeben.

BAUEN & WOHNEN

# Bewegungsideen mit Bierdeckeln/ Pappscheiben

Erst auf den zweiten Blick entdeckt man die Verwendungsmöglichkeiten von Bierdeckeln aus Pappe für Bewegungsspiele.

Kinder benutzen sie zunächst meist als Wurfscheiben; mit den Pappscheiben können aber auch Gehwege auf dem Boden gelegt werden, sie können auf verschiedenen Körperteilen balanciert oder mit anderen Materialien kombiniert werden.

PRAXISTIPP

## WIE KANN SICH KREATIVITÄT IM SPIEL ENTFALTEN?

- Durch das Bereitstellen von Material, das von den Kindern umgedeutet werden kann. »Unfertiges« Material fordert die Kinder heraus.
- Lösungen nicht vorgeben, sondern von den Kindern selbst entdecken lassen.
- An den Interessen der Kinder anknüpfen.
- Erfolgserfahrungen ermöglichen.
- Alle Ideen der Kinder wertschätzen, keine Bewertungen vornehmen.
- Den Kindern Entscheidungs- und Handlungsspielräume geben.
- Auch ungewöhnliche Vorschläge der Kinder ernst nehmen.

# Zielwerfen

**Mitspieler:**
beliebig viele

**Material:**
Bierdeckel,
evtl. Eimer,
Kartons;
evtl. Seile

**Ort:**
Bewegungs- oder
Gruppenraum

**Die Idee:** Kinder benutzen Bierdeckel beim ersten Ausprobieren gern als Wurfscheiben. Aber wie fliegen die Pappscheiben am besten durch die Luft? Welche Spielideen lassen sich mit den Pappscheiben weiter erfinden?



**Spielimpulse:**

- Im Raum verteilt stehen mehrere Behälter auf dem Boden (Eimer, Kartons usw.), in die die Pappscheiben aus immer größerer Entfernung geworfen werden.
- Jedes Kind hat drei Pappscheiben; sie stellen Steine dar, mit deren Hilfe man einen flachen Fluss überqueren oder durch eine große, breite Pfütze hindurchkommen kann. Wie muss man die »Steine« werfen oder legen, damit man trockenen Fußes durch das Wasser kommt? (Mit jeweils einem Fuß auf einem Bierdeckel stehen.) Der »Fluss« kann gekennzeichnet werden, indem z. B. zwei Seile im Abstand von drei bis vier Metern im Raum ausgelegt werden. Bei kleineren Räumen kann auch das ganze Zimmer zum Fluss werden. Die Kinder stehen auf einer Seite des Raumes und sollen auf die andere Seite gelangen.

**Tipp:**

Horizontal geworfen, werden ihre Flugeigenschaften am besten ausgenutzt.

# Balancieren

**Mitspieler:**
beliebig viele

**Material:**
Bierdeckel

**Ort:**
Bewegungs- oder Gruppenraum



**Die Idee:** Auf welchen Körperteilen kann man die Bierdeckel balancieren?

**Spielimpulse:**

- Die Kinder legen sich die Bierdeckel auf den Kopf und gehen im Raum umher. Kann man sich hinsetzen, ohne die Pappscheibe zu verlieren?
- Die Kinder klemmen den Bierdeckel zwischen die Füße und hüpfen mit ihnen durch den Raum.
- Der Bierdeckel wird auf den Fußrücken gelegt; auf dem freien Bein versuchen nun alle, so vorsichtig durch den Raum zu hüpfen, dass die Scheibe nicht herunterfällt.
- Der Bierdeckel liegt auf der Handinnenfläche. Er soll nun hochgeworfen und mit dem Handrücken oder mit der anderen Hand wieder aufgefangen werden.

# Wege und Muster legen

**Mitspieler:**
beliebig viele

**Material:**
Bierdeckel, evtl. Glocke

**Ort:**
Bewegungs- oder Gruppenraum

**Die Idee:** Die Kinder erhalten eine größere Menge Bierdeckel, mit denen sie Muster und Wege auf den Boden legen (Kreise, Linien, ein Viereck oder eine lange Straße). Dabei werden runde und eckige Bierdeckel kombiniert oder bewusst getrennt.

**Spielimpulse:**

- Über die Wege und Straßen kann man balancieren, man kann sie überspringen oder sie mit geschlossenen Augen zu ertasten versuchen.
- Die Pappscheiben werden in zwei Reihen auf dem Boden so ausgelegt, dass ein sich verbreiternder Graben entsteht. Jeder sucht sich nun eine Stelle aus, an der er den Graben überspringt.
- Mit den Pappscheiben wird ein Labyrinth am Boden ausgelegt. Es ist mehrfach verzweigt, und am Ende des richtigen Weges steht eine kleine Glocke (oder ein ähnliches Zeichen dafür, dass das Ziel erreicht worden ist). Ein Kind schließt die Augen: Es soll mit den Händen den Weg ertasten und bis zum Ziel gelangen.
- **Wildes Spielvergnügen:** Die Kinder verstreuen alle Pappscheiben im Raum, kunterbunt, wie der Zufall es will. Sie laufen Kurven und Schlangenlinien um sie herum. Sie sollen versuchen, nicht auf die Deckel zu treten.

# Stille-Übungen

**Mitspieler:**
beliebig viele

**Material:**
Bierdeckel

**Ort:**
Bewegungs- oder Gruppenraum

**Die Idee:** Bierdeckel haben fast kein Gewicht. Lassen sie sich trotzdem spüren, wenn sie auf den Körper aufgelegt werden?

**Spielimpulse:**

- Jeweils zwei Kinder haben einen Stapel Bierdeckel. Eines von ihnen legt sich auf den Boden und schließt die Augen. Das andere legt einen Bierdeckel ganz vorsichtig auf einen Arm, ein Knie, den Bauch, die Stirn usw. Der Partner soll das Körperteil, das bedeckt wurde, benennen.
- Ein Kind liegt auf dem Boden auf einer weichen Unterlage. Der Partner deckt den am Boden Liegenden ganz sanft mit Bierdeckeln zu. Danach deckt er in der gleichen Richtung die Bierdeckel wieder auf (begonnen wird also mit dem Deckel, der als Letzter aufgelegt wurde).

Im Anschluss an die Übungen kann die Spielleitung mit den Kindern besprechen, was sie an ihrem eigenen Körper wahrgenommen haben (Wärme beim Zudecken mit den Bierdeckeln, Kälte beim Aufdecken).

# Bewegungsideen mit Joghurtbechern

Joghurtbecher unterscheiden sich hinsichtlich ihrer Formen, Farben und Größen: Es gibt große und kleine, runde und eckige, weiße und farbige Becher. Jüngere Kinder nutzen die Becher gerne, um sie nach Farben und Formen zu ordnen, um auf dem Boden Türme mit ihnen zu bauen, um sie zu stapeln, ineinander zu stülpen oder kleinere Gegenstände damit zu transportieren. Folgende Impulse können das Spiel mit den Bechern erweitern:



**PRAXISTIPP**

### IDEEN STECKEN AN!

Ideen wirken in einer Gruppe oft ansteckend: Hat ein Kind eine neue Idee für die Verwendung eines Materials, dann lassen sich auch die anderen ganz schnell davon anstecken. Inspiration und Stimulation – eine Idee jagt die andere.

Die Spielleitung kann die Kinder ermuntern, neue Ideen zu finden. Fehler oder falsche Lösungen gibt es dabei nicht. Kinder handeln nach dem Prinzip Versuch und Irrtum.

Es sollte keine Bewertung geben, zunächst einmal wird jede Idee der Kinder akzeptiert.

# Springen und Fangen

**Mitspieler:**
beliebig viele

**Material:**
Joghurtbecher, Tischtennisball oder Flummi

**Ort:**
Bewegungs- oder Gruppenraum

**Die Idee:** Jedes Kind bekommt einen Becher und probiert aus.

**Spielimpulse:**

- Den Becher auf den Boden stellen und ihn überspringen (beidbeinig, im Laufen, einbeinig, vorwärts, seitwärts, rückwärts usw.).
- Einen Tischtennisball oder einen kleinen Gummiball (»Flummi«) hochwerfen oder auf den Boden prellen und mit dem Becher wieder auffangen.

# Balancieren

**Mitspieler:**
beliebig viele

**Material:**
Joghurtbecher, evtl. Seil, Bank, Stuhl

**Ort:**
Bewegungs- oder Gruppenraum

**Die Idee:** Auf welchen Körperteilen kann der Becher balanciert werden? Auf dem Handrücken, dem Unterarm oder anderen Körperteilen? Welche Seite des Bechers eignet sich am besten zum Balancieren?

**Spielimpulse:**

- Den Becher auf dem Kopf tragen und damit durch den Raum gehen.
- Kann man sich mit dem Joghurtbecher auf dem Kopf hinsetzen (auf einen Stuhl, auf eine Bank oder sogar auf den Boden)?
- Den Becher auf der Hand balancieren und damit ein Hindernis übersteigen (ein gespanntes Seil, eine Bank, einen Stuhl usw.).

# Joghurtbecher trifft Bierdeckel

**Mitspieler:**
beliebig viele

**Material:**
Joghurtbecher, Bierdeckel

**Ort:**
Bewegungs- oder Gruppenraum

**Die Idee:** Haben die Kinder ausgiebig mit Bierdeckeln und Joghurtbechern gespielt, ergeben sich aus der Kombination beider Materialien neue Spielideen.

**Spielimpulse:**

- Auf dem Bierdeckel kann man die Becher balancieren.
- Becher und Bierdeckel werden so gestapelt, dass vielgestaltige Türme entstehen.

# Bewegungsideen mit Papprollen

Auch die Innenhülsen von Haushalts- oder Toilettenpapier eignen sich als Spiel- und Bewegungsobjekte. Um ihr Äußeres ansprechender zu gestalten, können sie von den Kindern mit Finger- oder Abtönfarben bunt angemalt werden.



**KURZ & KNAPP**

### Körpererfahrung = Selbsterfahrung

Der Aufbau des »Selbst«, des Vertrauens in die eigene Person, und das Bild, das man sich über sich selbst macht, ist bei einem Kind im Wesentlichen geprägt von den Körpererfahrungen, die es in den ersten Lebensjahren macht.

# Parcours mit Papprollen

**Mitspieler:**
beliebig viele

**Material:**
Papprollen (von Toilettenpapier oder Küchenrolle)

**Ort:**
Bewegungs- oder Gruppenraum

**Die Idee:** Werden sie aufrecht hingestellt, lässt sich ganz einfach ein Parcours aus Papprollen herstellen.

**Spielimpulse:**

- Die Kinder kriechen oder laufen um sie herum und sollen versuchen, keine Rolle umzustoßen, nicht mit anderen Kindern zusammenzustoßen etc.
- Auf einem Bein hüpfen und mit dem anderen die am Boden aufgestellten Rollen umstoßen.
- Die umgestoßenen Papprollen mit den Füßen wieder aufzurichten versuchen.
- Auf einem Bein hüpfen und mit dem anderen die Papprolle durch den Raum rollen.

# Papprolle trifft Bierdeckel

**Mitspieler:**
beliebig viele

**Material:**
Papprollen, Joghurtbecher, Bierdeckel; evtl. Tennisbälle, Sandsäckchen

**Ort:**
Bewegungs- oder Gruppenraum

**Die Idee:** Auf der Papprolle können auch andere Gegenstände wie z. B. ein Bierdeckel oder ein Joghurtbecher balanciert werden.

**Spielimpulse:**

- Haben die Kinder erst einmal die richtige Stelle beim Auflegen gefunden, können sie einen Bierdeckel oder einen Joghurtbecher durch den Raum tragen oder über Hindernisse hinweg.
- **Für Fortgeschrittene:** Besonders schwierig wird es, wenn auf den Papierdeckel einige Tennisbälle oder ein anderer Gegenstand (Sandsäckchen) gelegt werden.

# Abwerfen

**Mitspieler:**
beliebig viele

**Material:**
Papprollen,
Tennisbälle

**Ort:**
Bewegungs- oder
Gruppenraum



**Die Idee:** Die Kombination aus Bällen und Papprollen fordert die Kinder heraus zum Zielrollen oder -werfen.

**Spielimpulse:**

- Mit einem Tennisball die Papprolle abzuwerfen versuchen; der Ball kann gerollt oder geworfen werden.
- Mehrere Rollen werden nebeneinander (wie Kegel) aufgestellt. Wie viele von ihnen können gleichzeitig mit einem Ball umgeworfen werden?
- **Spielidee für die Ruhephase:** Die Papprolle kann als »Fernrohr« genutzt werden: Wenn man durch sie hindurchschaut, sieht man einen Ausschnitt der Welt viel intensiver und genauer.

# Bewegungsideen mit Heulrohren



Bei diesem Material handelt es sich um sogenannte Leerrohre (im Baumarkt als Meterware erhältlich). Man kann sie in ca. ein Meter lange Stücke zerschneiden, um sie für die folgenden Spielideen einzusetzen. Inzwischen werden die Rohre jedoch auch im Spielzeughandel unter der Bezeichnung »Heulrohre« angeboten, hier haben sie meist bunte Farben. Schwingt man das Heulrohr hin und her oder lässt man es schnell in der Luft kreisen, erzeugt es ein summendes, »heulendes« Geräusch.

**PRAXISTIPP**

### SELBSTWERTGEFÜHL STÄRKEN

Um im Alltag bestehen zu können, brauchen Kinder Selbstvertrauen, ein stabiles Selbstwertgefühl, das sie stark genug macht, auch Belastungen zu ertragen und den Anforderungen von außen gewachsen zu sein. Ein solches Selbstwertgefühl entwickelt sich nur, wenn Kinder die Erfahrung machen können, dass sie selbst etwas bewirken und verändern können, dass ihre Anstrengung Erfolg hat und sie ihre eigene Kompetenz erfahren können (vgl. Zimmer 2019b). Kinder müssen sich erproben, um ihre Grenzen kennenzulernen. Ein wichtiges Ziel der Entwicklungsbegleitung sollte es sein, dass Kinder zuversichtlich mit Herausforderungen und Problemen umgehen lernen, dass sie nicht von vornherein vor Schwierigkeiten kapitulieren, sondern eine positive Grundeinstellung entwickeln.

# Springen und bewegen

**Mitspieler:**
beliebig viele

**Material:**
Heulrohre

**Ort:**
Bewegungs- oder Gruppenraum

**Die Idee:** Die Heulrohre eignen sich nicht nur zum Geräuschemachen, sie laden auch zu schlängeligen Bewegungen ein.

**Spielimpulse:**

- Das Rohr über den Boden schlängeln lassen, ein anderes Kind kann darüber springen. Das Rohr im Kreis über den Boden schwingen, sodass man selbst darüberspringen kann.
- Das Rohr mit beiden Händen an den Enden anfassen und darübersteigen oder -springen.

# Hör mal!



**Mitspieler:**
beliebig viele

**Material:**
Heulrohre,
evtl. Bleistift,
Murmel

**Ort:**
Bewegungs- oder
Gruppenraum

**Die Idee:** So ein Heulrohr ist elastisch und damit formbar; es ist hohl, sodass man in es hineinpusten oder -sprechen kann; so kann es zum Elefantenrüssel, zur Trompete oder zum Telefon werden.

**Spielimpulse:**

- Welche Geräusche lassen sich mit den Rohren erzeugen? (z. B. Rohr kreisen lassen, im Laufen über den eigen Kopf kreisen lassen).
- Streicht man mit den Fingernägeln oder mit einem Bleistift über die gerillte Oberfläche des Rohrs, entsteht ein kratzendes Geräusch.
- In das Rohr flüstern, pusten oder sprechen. So kann es auch zum Telefon werden; man kann mit sich selber oder mit einem anderen telefonieren.
- Wie klingt die eigene Stimme, wenn man ein Ende des Rohres an sein Ohr hält und in das andere Ende hineinspricht?
- Eine Murmel wird durch das Rohr gerollt, an ihrem Geräusch kann man genau verfolgen, an welcher Stelle des Rohrs sie sich befindet. Kann man die Murmel auch in die obere Öffnung stecken und sie schnell wieder auffangen, sodass sie nicht zu Boden fällt?

# Fantasie im Spiel

**Mitspieler:**
beliebig viele

**Material:**
Heulrohre, evtl. Tücher in Rot, Gelb und Grün; evtl. kleiner Kasten

**Ort:**
Bewegungs- oder Gruppenraum

**Die Idee:** Ein Heulrohr lässt sich zu einem Ring zusammenstecken.

**Spielimpulse:**

- Autolenkrad: Die Heulrohre werden zu einem Ring zusammengesteckt (ein Ende des Rohrs mit einem Messer einritzen, damit es über das andere Ende geschoben werden kann). Sie bilden ein Lenkrad, mit dem wir unser Auto steuern können. Jedes Kind legt selbst fest, ob es einen schweren LKW, einen schnellen Sportwagen, einen tuckernden Traktor oder ein brausendes Motorrad o. Ä. darstellt.
- Ein »Polizist« regelt den Verkehr. Er hat drei Tücher in den Farben Rot, Gelb und Grün; je nachdem, welches Tuch er hochhält, müssen die Fahrzeuge stehen bleiben (Rot), langsam anfahren bzw. bremsen (Gelb) oder mit Tempo durch den Raum rasen (Grün), ohne jedoch ein anderes Fahrzeug zu rammen.
- **Variation:** Es gibt auch zwei Rettungswagen, die mit dem Heulrohr (über den Kopf schwingen) die Sirene ertönen lassen. Wenn sie im Einsatz sind, müssen alle anderen Fahrzeuge für kurze Zeit ihre Fahrt unterbrechen und am Rand pausieren. Wenn der Tank der Autos leer ist, können sie an einer Tankstelle wieder vollgetankt werden (kleiner Kasten und unterschiedliche Heulrohre als Zapfsäulen mit unterschiedlichem Benzin).

# Bewegungsideen mit Wäscheklammern

Wäscheklammern stellen ein sehr brauchbares, darüber hinaus auch reizvolles Material dar, um die Greiffähigkeit der Hände, hier besonders den »Pinzettengriff« (Greifen mit Daumen und Zeigefinger), zu üben. Die Klammer öffnet sich nur bei kraftvollem Druck. Vielen Kindern wird dies erst durch Üben und häufiges Ausprobieren gelingen.



## Müll aufsammeln

**Mitspieler:**
beliebig viele

**Material:**
Wäscheklammern; Zeitungsschnipsel, Reifen, evtl. Mülleimer

**Ort:**
Bewegungs- oder Gruppenraum

**Die Idee:** Zeitungsschnipsel liegen im Raum verteilt auf dem Boden. Jedes Kind hat eine Wäscheklammer und betätigt sich als Müllsammler.

**Spielimpuls:**

- Die Kinder versuchen, mit ihrer Wäscheklammer einen Schnipsel aufzugreifen und ihn in einen am Boden liegenden Reifen (Mülleimer) zu bringen.

# Klammerketten

**Mitspieler:**
beliebig viele

**Material:**
Wäscheklammern

**Ort:**
Bewegungs- oder Gruppenraum

**Die Idee:** Mehrere Klammern sollen miteinander verbunden werden, sodass eine Klammerkette entsteht.

**Spielimpuls:**

- In der Kette können sich die Farben der Klammern regelmäßig abwechseln: Immer zwei Farben kommen nacheinander; die Kinder finden eigene Regeln, wie sie die Klammern aneinanderstecken.



PRAXISTIPP

## SELBSTTÄTIGKEIT FÖRDERN

Kinder brauchen Gelegenheiten, etwas zu erforschen, sich mit einer Sache auseinanderzusetzen. Sie brauchen die Freiheit, auch einmal Fehler zu machen, sie zu korrigieren und aus diesen zu lernen.
Selbsttätigkeit ist eine wesentliche Voraussetzung für die kindliche Entwicklung. Das Kind ist ein aktives Wesen. Es kann nicht auf die eigenständige Tätigkeit verzichten, denn sie ist die Voraussetzung für jede gesunde Entwicklung.

# Klammerigel

**Mitspieler**
beliebig viele

**Material:**
Wäscheklammern, evtl. Eimer

**Ort:**
Bewegungs- oder Gruppenraum

**Die Idee:** Jedes Kind erhält mehrere Wäscheklammern, die es sich an die Kleidung heftet. Die Klammern sehen jetzt aus wie die Stacheln eines Igels. Die Kinder können sich auch gegenseitig neue »Stacheln« anheften.

**Spielimpulse:**

- **Klammerklau:** Jedes Kind der Gruppe erhält fünf Klammern und heftet sich diese an die eigene Kleidung. Jeder darf nun versuchen, so viele Klammern wie möglich von den anderen zu erjagen. Wenn er eine neue Klammer erwischt hat, sollte er sie gleich wieder an die eigene Kleidung anstecken.
- **Gruppen finden:** Alle Kinder suchen sich aus einem Eimer mit verschieden farbigen Wäscheklammern eine Klammer aus und heften sie an ihre Kleidung. Nun sollen sich alle Kinder mit Klammern in der gleichen Farbe zusammenfinden.

# Indianerkostüme

**Mitspieler**
beliebig viele

**Material:**
Wäscheklammern; evtl. Stühle, Kästen etc.

**Ort:**
Bewegungs- oder Gruppenraum

**Die Idee:** Jeweils zwei Kinder befestigen sich gegenseitig viele Klammern an den Ärmeln ihrer Pullover und Jacken. Wenn die Klammern in einer Reihe ganz dicht aneinander angebracht sind, sehen die Pullover nun aus wie Indianerkostüme.

**Spielimpuls:**

- **Zwillinge:** Zwei Kinder klammern sich an ihrer Kleidung (Hose, Pullover) aneinander und versuchen, so durch den Raum zu gehen – ohne dass die Klammern sich lösen. Welches der Paare schafft es, einmal den Raum zu überqueren, ohne eine Klammer zu verlieren? Im Raum können auch Hindernisse aufgestellt werden, über die die Zwillinge steigen müssen.

# Klammerkönigin

**Mitspieler**
beliebig viele

**Material:**
Wäscheklammern

**Ort:**
Bewegungs- oder Gruppenraum

**Die Idee:** Ein Kind spielt die Königin, die als Zeichen ihrer Würde mehrere Klammern an der Kleidung befestigt hat.

**Spielimpuls:**

- Nachts, wenn sie schläft, wollen Räuber ihr die Klammern stehlen. Die Königin liegt auf einer Matte auf dem Boden und schließt die Augen. Die anderen Kinder stehen im Abstand von mehreren Metern um die Königin herum und schleichen sich einzeln ganz leise an sie heran. Sobald die Königin jemanden hört, zeigt sie in die Richtung, aus der sie das Geräusch gehört hat. Dieses Kind muss dann wieder zurück an seinen Ausgangspunkt gehen.

# Kapitel 2

## Schwingen, schweben, rutschen mit Decken, Netzen und Tüchern

Mit Wolldecken, Bettlaken oder einem Netz, das zum Schutz der Früchte an Bäumen oder Sträuchern vor Vögeln verwendet wird, lassen sich Spiele für die ganze Gruppe erfinden. Nur wenn mehrere Kinder mitmachen, lassen sie sich in Bewegung versetzen. Jedes der angegebenen Materialien hat eine ganz spezifische Eigenschaft, die von den Kindern zunächst im Spiel herausgefunden werden muss: Eine Wolldecke ist schwer, die Bettlaken sind leichter, das Netz hat so gut wie kein Gewicht. Und wie verhalten sich kleine Tücher in der Luft?

**KURZ & KNAPP**

### Bewegung = Erfahrungen aus erster Hand

Um sich unter dem Begriff Schwung etwas vorstellen zu können, muss das Kind den Schwung in der Bewegung erfahren haben: indem es entweder selbst etwas in Bewegung setzt, indem es ein Tuch oder eine Decke hin- und herschwingen lässt oder indem es sich selbst bewegt und dabei Anschwung braucht wie z.B. auf einer Schaukel.

Dies sind »Erfahrungen aus erster Hand«, sie werden dem Kind nicht – wie z.B. beim Konsum von Medien – portionsweise »kindgerecht« vermittelt, sondern es macht sie selbstständig beim Ausprobieren und Experimentieren.

# Bewegungsideen mit Decken

## Deckentunnel und -höhlen

**Mitspieler:** große Gruppe

**Material:** Wolldecken, Bänke

**Ort:** Bewegungs- oder Gruppenraum

**Die Idee:** Über zwei im Abstand von ca. einem Meter nebeneinander aufgestellte Bänke wird eine Decke gelegt: Es entsteht ein langer dunkler Tunnel, durch den man kriechen und rutschen kann.

**Spielimpulse:**

- Höhlen und Butzen lassen sich aus dem Mobiliar, aus zusammengestellten Tischen und Stühlen, die mit den Decken behängt werden, bauen.
- In die Decke kann man sich auch einwickeln, sich unter ihr verstecken oder sich auf ihr vom anstrengenden Spiel erholen.

# Rutschvergnügen mit Wolldecken

**Mitspieler:**
große Gruppe

**Material:**
Wolldecken

**Ort:**
Bewegungs- oder Gruppenraum



**Die Idee:** Auf dem Boden ausgebreitete Wolldecken machen Parkett- oder Kunststoffböden zu einer Rutschbahn. Man kann Anlauf nehmen, auf die Decke springen und auf ihr durch den ganzen Raum rutschen.

**Spielimpulse:**

- Ein oder zwei Kinder können ein anderes ziehen, es kann sich dabei auf die Decke legen, es kann aber auch im Sitzen oder Hocken und vielleicht sogar im Stehen gezogen werden. Wenn das Hocken oder Stehen zu wackelig wird, kann man sich auch an der Decke festhalten. Wie viele Kinder können auf der Decke sitzen oder liegen, wenn diese von mehreren anderen gleichzeitig gezogen wird?
- Die ganze Gruppe kann gemeinsam versuchen, ein auf der Decke liegendes Kind hochzuheben, sanft hin- und herzuschaukeln. Wenn genügend Kinder und mindestens ein Erwachsener die Ränder der Decke fest anfassen (zur besseren Griffhaltung sollte der Rand ein wenig eingerollt werden), kann durch Lockerlassen und Straffziehen der Decke ein auf ihr liegendes Kind sogar leicht hochgeworfen und weich wieder aufgefangen werden.

## Ballspiele mit Bettlaken

**Mitspieler:**
große Gruppe

**Material:**
Bettlaken, Bälle, evtl. Papierkorb

**Ort:**
Bewegungs- oder Gruppenraum

**Die Idee:** Mehrere Kinder halten ein Bettlaken an den Ecken und Seiten.



**Spielimpulse:**

- Sie lassen einen Ball auf dem Laken entlangrollen und versuchen es so zu halten, dass der Ball nicht hinunterfällt.
- Zwei Bälle spielen auf dem Laken »Nachlaufen«. Gelingt es, ihr Rollen so zu steuern, dass sie sich treffen?
- Auf das Laken wird zusätzlich ein runder Papierkorb gelegt, sodass seine Öffnung zur Seite zeigt. Gelingt es, die Bälle in den Papierkorb rollen zu lassen?
- Die Bälle sollen auf dem Laken hochgeworfen und auch wieder aufgefangen werden.

# Bettlaken-Laufspiele

**Mitspieler:**
große Gruppe

**Material:**
Bettlaken

**Ort:**
Bewegungs- oder Gruppenraum

**Die Idee:** Zwei Kinder fassen das Laken mit beiden Händen, halten es über ihre Köpfe und versuchen, es im Laufen durch den Raum zum Flattern zu bringen. Das Bettlaken wird so zu einem großen Dach, das durch den im Laufen erzeugten »Wind« in der Luft schwebt.

**Spielimpuls:**

- Jeweils ein Kind hält eine Ecke des Tuches fest. Alle vier Kinder laufen nun gemeinsam durch den Raum, sodass das Tuch sich hinter ihnen aufbläht und wie ein großes Segel aussieht.

# Bettlaken-Schwungtuch

**Mitspieler:**
große Gruppe

**Material:**
mehrere Bettlaken (2–4)

**Ort:**
Bewegungs- oder Gruppenraum

**Die Idee:** Werden zwei oder vier Bettlaken aneinandergenäht, erhält man ein großes Schwungtuch, das zwar etwas schwerer ist als das im Handel erhältliche, das aber doch von der Gruppe zum Schwingen gebracht werden kann.

**Spielimpuls:**

- Alle Kinder stellen sich um das große Tuch herum, halten es mit den Händen fest und führen es zunächst zum Boden, um es dann auf ein gemeinsames Zeichen gleichzeitig vor sich hochzureißen. Das Tuch wölbt sich nun über ihren Köpfen und bildet ein großes Dach über der ganzen Gruppe.

WISSEN KOMPAKT

## Bewegung als Erfahrung der sozialen Umwelt

Die Grundlagen für soziales Handeln werden bereits in den ersten Lebensjahren geschaffen. Kinder lernen, mit anderen umzugehen, deren Wünsche zu respektieren, Absprachen zu treffen und sich ggf. auch selbst mit eigenen Vorschlägen durchzusetzen.

Bewegungsspiele werden häufig gemeinsam mit anderen ausgeführt, man spielt mit oder auch gegeneinander, hilft sich gegenseitig oder gerät in Streit, wenn es z. B. um den Besitz eines Spielzeugs geht. Bewegungssituationen sind daher immer auch mit sozialen Lernprozessen verbunden.

Viele Bewegungsgeräte fordern zum gemeinsamen Spiel auf: Ein Schwungtuch lässt sich nur dann in der vollen Größe bewegen, wenn mehrere Kinder sich daran beteiligen. Selbst ein Fangspiel kann nur dann entstehen, wenn man mindestens zu zweit ist, und auch beim Wippen, Rennen oder Ballspielen ist es spannender, wenn mehrere mitmachen.

All diese Bewegungsanlässe erfordern Absprachen und Verständigung. Dies sind Prozesse, die nicht problemlos vonstattengehen. Streit um eine Spielregel, sich auf Ideen und Vorschläge anderer einzulassen – all das sind wichtige Schritte auf dem Weg zum sozialen Handeln (Zimmer 2020). Geben und nehmen, teilen und miteinander erleben, einander zuschauen, von anderen lernen – das kann zu beglückenden Gemeinschaftserlebnissen, aber auch zu Konflikten führen. Nicht immer schaffen Kinder, eine Lösung herbeizuführen. Da ist die einfühlsame Beobachtung und behutsame Einflussnahme der Erwachsenen unabdingbar.

# Bewegungsideen mit Vogelschutznetzen

## Leichtes Schwungvergnügen



**Mitspieler:**
große Gruppe

**Material:**
Vogelschutznetz; evtl. Kuscheltier, Luftballons, Schaumstoffbälle

**Ort:**
Bewegungs- oder Gruppenraum

**Die Idee:** Die Materialeigenschaften eines Vogelschutznetzes machen es zu einem idealen Gerät für eine Kindergruppe. Es ist leicht, elastisch, kann von Kinderhänden gut gehalten werden, es ist durchsichtig und lässt sich entsprechend der Gruppengröße der Kinder auch zusammenlegen und verkleinern; aufgrund seines geringen Gewichts lässt es sich leicht zum Schwingen und Schweben bringen.

**Spielimpulse:**

- Die Kinder stehen verteilt um das Netz herum. Sie fassen am Rand an und versuchen, es straff zu ziehen. Ein Luftballon wird auf das Netz gelegt: Gelingt es, den Ballon durch Straffziehen und Lockerlassen des Netzes zum Fliegen oder Rollen zu bringen?
- Auf das Netz wird ein Kuscheltier gelegt und mit Schwung hochgeschleudert.
- Mehrere Luftballons werden auf das Netz gelegt. Wie muss das Netz bewegt werden, damit alle Luftballons darauf »durcheinandertanzen«? Bei dem Auf- und Abschwingen, den Hin- und Herbewegungen des Netzes rollen die Ballons leicht herunter. Zwei Kinder betätigen sich als »Ballonsammler« und fangen die Ballons schnell wieder ein.
- Die Luftballons werden gegen einen leichten Schaumstoffball ausgetauscht. Das Gewicht des Balles macht

ein gleichmäßiges Straffziehen des Netzes erforderlich.

- Kann das Rollen des Balles auf dem Netz so gesteuert werden, dass er immer an der Außenseite entlangrollt oder von einem Kind über das ganze Netz hinweg zu einem anderen rollt?
- Gelingt es, den Ball gemeinsam hochzuschleudern und ihn wieder aufzufangen? Beim Hochschleudern müssen alle das Netz anspannen, beim Auffangen lassen sie es locker.

**Tipp:**

Vogelschutznetze gibt es in unterschiedlichen Maßen. Die Standardgrößen (10 × 4 m und 5 × 4 m) lassen sich auch – je nach Anzahl der Mitspieler und abgestimmt auf die Zielsetzung – zerteilen oder zum Beispiel auf eine runde Form zurechtschneiden.

## Spielspaß mit Baumwollstoffen

**Mitspieler:** große Gruppe

**Material:** Baumwolltücher; evtl. Ball, Kuscheltier, Schaumstoffwürfel, Sandsäckchen

**Ort:** Bewegungs- oder Gruppenraum

**Die Idee:** Aus Baumwollstoff (alte Bettlaken oder Stoffreste) werden Tücher in der Größe von ca. 80×80 cm zurechtgeschnitten. Alternativ können für die folgenden Spielideen auch Küchen- oder Handtücher verwendet werden.

**Spielimpulse:**

- Das Tuch beim Laufen über dem Kopf flattern lassen. Je nach Laufgeschwindigkeit bildet das Tuch ein »Dach« über dem Kopf.
- **Tauziehen zu zweit:** Jedes Kind hält das Tuch an einer Ecke fest – beide ziehen nun gleichzeitig daran. Wer schafft es, den anderen über eine am Boden aufgezeichnete Linie zu ziehen?
- **Stierkampf zu zweit:** Ein Kind hält das Tuch an zwei Enden hoch und bewegt es seitlich neben seinem Körper; ein anderes spielt den »Stier«, der versucht, gegen das Tuch zu rennen, unter ihm hindurchzuschlüpfen usw.
- **Ballschleuder zu zweit:** Auf dem Tuch liegt ein Ball (oder ein Kuscheltier). Beide Kinder versuchen, den Ball mit dem Tuch hochzuschleudern.
- **Transporter:** Beide Kinder fassen das Tuch an jeweils zwei Ecken, ziehen es straff und transportieren darauf einen Gegenstand (Schaumstoffwürfel, Ball, Sandsäckchen o. Ä.).

# Spielspaß mit Chiffontüchern

**Mitspieler:**
große Gruppe

**Material:**
Chiffontücher, Seidentücher oder leichte Tücher aus anderen Materialien

**Ort:**
Bewegungs- oder Gruppenraum

**Die Idee:** Ausrangierte Ziertücher, Seidenschals oder Chiffontücher sind aus hauchdünnem Material. Aufgrund ihres geringen Gewichts schweben diese Tücher länger in der Luft als Baumwolltücher. Daher kann man sie auch zum Jonglieren benutzen.



**Spielimpulse:**

- Jedes Kind hat ein bis zwei Tücher, die es beim Laufen auf- und abschwingt oder kreisen lässt. Es sind die Flügel eines Schmetterlings.
- Die Tücher werden in die Luft geworfen und aufgefangen, mit den Händen und auch mit anderen Körperteilen.
- Die Spielleitung wirft alle Tücher zusammen hoch in die Luft, jedes Kind versucht, ein Tuch aufzufangen.
- Jedes Kind hat zwei Chiffontücher. Können beide gleichzeitig hochgeworfen und dann mit jeweils einer Hand ein Tuch aufgefangen werden? Oder die Tücher werden mit einer Hand hochgeworfen und mit der jeweils anderen wieder aufgegangen.
- Die Kinder knüllen das Tuch in den Händen, sodass es nicht mehr zu sehen ist. Dann öffnen sie es vorsichtig: Hervor kommt eine schöne farbige »Zauberblume«.
- Jedes Kind hat ein Tuch, das es sich am Rücken in den Hosenbund steckt. Alle laufen durch den Raum und jagen sich die Schwänzchen gegenseitig ab. Wer ein Tuch erwischt hat, muss es sich wieder in den Hosenbund stecken.

# Kapitel 3

## Bauen, wippen, balancieren: Bewegungsideen mit Pappkartons & Co.

Auch größere Materialien, die aus dem Alltagsgebrauch der Erwachsenen ausrangiert worden sind, können zweckentfremdet und zu reizvollen Sport- und Spielobjekten umfunktioniert werden. Hier soll an einigen Beispielen gezeigt werden, welche Bewegungsgelegenheiten Kinder an den meist sperrigen Gebrauchsgegenständen entdecken und zu welchen großräumigen Bewegungserfahrungen sie sie animieren.

**PRAXISTIPP**

### SELBST GESTEUERTES LERNEN

Bei der Umsetzung der Ideen ist das methodische Prinzip des selbst gesteuerten Lernens wichtig: Den Kindern werden keine Aufgaben, Übungen und Anleitungen vorgegeben, sondern sie können aus dem Angebot frei auswählen, wie und womit sie sich beschäftigen wollen.
Viele dieser Bewegungsideen sind mit Erfolg bei größeren Spielaktionen, bei Sommerfesten und auch im Kindergartenalltag ausprobiert worden.

# Bewegungsideen mit Pappkartons

Im Fachhandel für Haushaltsgeräte und in Supermärkten findet man stabile Pappkartons, die aufgrund ihrer vielseitigen Verwendbarkeit ideale Spiel- und Bewegungsgeräte für Kinder im Kindergartenalter darstellen.

Gut geeignet sind Bananenkartons, da sie aus besonders festem Material sind, die Kinder können sich hineinsetzen oder sich mit ihnen bewegen, ohne dass sie zerstört werden. Aber auch größere Kartons (Umzugskartons, Verpackungen von Haushaltsgeräten) sind zum Spielen geeignet.

Die Kartons können von den Kindern auch bemalt oder beklebt werden. Stabile, große Kartons eignen sich zum Häuser- und Tunnelbau. In kleinere Kartons kann man springen, sich hineinsetzen und damit kriechen.



## Kartonstraße

**Mitspieler:** beliebig viele

**Material:** Pappkartons

**Ort:** Bewegungs- oder Gruppenraum

**Die Idee:** Alle Kartons werden hintereinander auf den Boden gelegt, sodass eine »Straße« entsteht.

**Spielimpuls:**

- Die Kinder versuchen von einem Karton in den anderen zu treten, zu springen oder zu laufen.

## Bananenboot

**Mitspieler:**
beliebig viele

**Material:**
Pappkartons (Bananenkartons), Teppichfliesen, evtl. Stab

**Ort:**
Bewegungs- oder Gruppenraum

**Die Idee:** Ein Bananenkarton wird auf eine Teppichfliese gestellt.

**Spielimpuls:**

- Die Kinder setzen sich hinein und schieben sich mit den Händen (oder einem Stab) über den Boden vorwärts.

## Pappkarton-Transporter

**Mitspieler:**
beliebig viele

**Material:**
Pappkartons (Bananenkartons), Farben, Pinsel

**Ort:**
Bewegungs- oder Gruppenraum

**Die Idee:** Bananenkartons werden von den Kindern mit verschiedenen Mustern oder Motiven bemalt. Sie dienen als Autos oder Transporter.

**Spielimpuls:**

- Ein oder zwei Kinder können sich jeweils in ein »Auto« hineinsetzen, sie werden von den anderen geschoben oder gezogen.

WISSEN KOMPAKT

# Sich mit Kindern bewegen – von Kindern lernen



Erwachsene denken oft darüber nach, wie sie Kindern etwas beibringen können und was Kinder von ihnen lernen können. Aus diesem Anlass werden die meisten pädagogischen Fachbücher geschrieben.

Dabei können Erwachsene gerade im Hinblick auf den kreativen Umgang mit Geräten, Materialien und Spielobjekten von Kindern oft genauso viel lernen wie umgekehrt. Die Kreativität der Kinder zu erhalten und die der Erwachsenen zu aktivieren, ist zentrales Anliegen des vorliegenden Buches.

Kinder verdeutlichen uns, wie sehr wir oft eingezwängt sind in vorgegebene Muster des Denkens und Handelns. Um Spiele zu erfinden, brauchen sie nicht das Material eines Spielzeugkataloges, keine vom TÜV abgenommenen und in einer Norm beschriebenen Geräte. Oft reicht ein von den Erwachsenen achtlos weggeworfener Gegenstand aus, ihre Fantasie zu beflügeln. Sie haben genügend Einfallsreichtum, um Material eine ihren Vorstellungen entsprechende Bedeutung zu geben. Ihre – noch – spontane, nicht durch Zweckorientierung und Überlegung beeinflusste Sicht der Dinge ermöglicht ihnen einen unbekümmerten Umgang mit ihm. Im unmittelbaren Sich-Bewegen, sinnlichen Wahr- nehmen und selbsttätigen Entdecken haben die Kinder den Erwachsenen vieles voraus.

Wenn wir es schaffen, wieder mit den Augen eines Kindes zu sehen, gelingt es vielleicht auch, Einengungen der Wahrnehmung aufzubrechen und Neues, Faszinierendes in uns und im uns umgebenden Raum zu entdecken.

Bewegungserziehung im Kindergarten – Bewegung mit Kindern – muss gleichermaßen Spielen mit und Lernen von Kindern sein.

## Zielwerfen

**Mitspieler:**
beliebig viele

**Material:**
Pappkartons (Bananenkartons), Schaumstoffbälle

**Ort:**
Bewegungs- oder Gruppenraum

**Die Idee:** Ein Karton steht in der Mitte des Raumes, das ist ein Allesfresser.

**Spielimpuls:**
Die Kinder versuchen von allen Seiten (und mit unterschiedlichem Abstand), mit Schaumstoffbällen in den Karton zu treffen.



## Turmbau mit Pappkartons

**Mitspieler:**
beliebig viele

**Material:**
Pappkartons

**Ort:**
Bewegungs- oder Gruppenraum

**Die Idee:** Mehrere Kartons werden für Bauwerke verwendet.

**Spielimpuls:**

- Sie werden aufeinandergestapelt oder nebeneinander aufgebaut. So entsteht eine Mauer oder ein Turm.

## Fernseher

**Mitspieler:**
beliebig viele

**Material:**
Bananenkartons,
evtl. Cuttermesser

**Ort:**
Bewegungs- oder
Gruppenraum

**Die Idee:** Bananenkartons mit einer Öffnung am Boden eignen sich gut für Rollenspiele.

**Spielimpuls:**

- Aufrecht stehend bilden sie die Kulisse für eine Fernsehsendung oder für ein Theaterspiel.

## Kriech- oder Rolltunnel

**Mitspieler:**
beliebig viele

**Material:**
Bananenkartons,
Cuttermesser,
evtl. Bälle

**Ort:**
Bewegungs- oder
Gruppenraum

**Die Idee:** Die Kartons werden zu einem Tunnel miteinander verbunden (Boden herausschneiden).

**Spielimpuls:**

- Durch den Tunnel können Bälle gerollt werden, die Kinder kriechen hindurch.

# Bewegungsideen mit Getränkekisten



Für das selbstständige Spiel der Kinder sind auch Getränkekisten gut geeignet: Sie sind leicht zu transportieren, stehen fest auf dem Boden und halten problemlos das Gewicht der Kinder beim Springen, Balancieren und Klettern aus. Die unterschiedlichen Ausmaße der Kisten lassen vielseitige Bauideen zu; vorteilhaft ist, dass sie drinnen wie draußen zu verwenden sind (auf einer Wiese stehen sie sogar am sichersten).

## Inselwandern

**Mitspieler:** beliebig viele

**Material:** Getränkekisten

**Ort:** drinnen oder draußen

**Die Idee:** Mehrere Kisten werden mit geringem Abstand hintereinander oder nebeneinander aufgestellt. Sie stellen Inseln dar (auf einer mit Wasser überfluteten Wiese).

**Spielimpuls:**

- Die Kinder versuchen, über die ganze Wiese zu wandern, ohne auf den Boden zu treten.
- **Variante Kistentreppe:** Die Kisten können auch zu einer Treppe zusammengestellt werden, auf die man hinaufsteigen und von oben auf eine Matte oder auf den Rasen hinabspringen kann.

# Warum Psychomotorik so wichtig ist

Mit dem Begriff »Psychomotorik« wird die enge Verbindung des Körperlich-Motorischen mit dem Geistig-Seelischen gekennzeichnet (vgl. Zimmer 2019b).

Was bedeutet das? Beim Kind sind leibliche und seelische, gefühlsmäßige und geistige Vorgänge noch eng miteinander verbunden. Denken und Handeln, Vorstellung und Wahrnehmung, Wunsch und Wirklichkeit, Alltag und Traumwelt werden noch nicht deutlich unterschieden; sie trennen sich erst im Laufe der Entwicklung. Die unterschiedlichen Sinneswahrnehmungen sind noch enger miteinander verknüpft als bei Erwachsenen, und auch Gefühls- und Körperbewegungen sind aufeinander bezogen.

Streng genommen gibt es gar keine Bewegung ohne Beteiligung psychischer oder gefühlsmäßiger Prozesse.

Bei Kindern ist die Ganzheitlichkeit im Handeln und Erleben besonders stark ausgeprägt. Sie nehmen Sinneseindrücke mit dem ganzen Körper wahr, sie drücken ihre Gefühle in Bewegung aus, sie reagieren auf äußere Spannungen mit körperlichem Unwohlsein, und ebenso können freudige Bewegungserlebnisse zu einer körperlich wie psychisch empfundenen Gelöstheit führen.

Kindern sieht man ihre »Ganzheitlichkeit« an: Sie freuen sich »bis in die Füße«, sie spüren ihre Traurigkeit »im Bauch«. Sie erleben sich als Gefühls-Körper-Einheit.

Im Bewegungsspiel drückt das Kind z.B. innere Wünsche aus (»stark sein wie Tarzan«, »kämpfen können wie ein Löwe« oder »sich auf einer Schaukel hin- und herwiegen lassen wie ein kleines Baby« usw.); die Bewegung bildet eine Brücke zwischen der Innenwelt (Träume, Wünsche, Ängste, Hoffnungen) und der äußeren Realität.

So bieten Bewegungsäußerungen der Kinder auch einen Zugang zu ihrer Innenwelt. Kindliche Entwicklung ist also zugleich auch immer psychomotorische Entwicklung. *Psychomotorische Erfahrungen* sind Erfahrungen, die das Kind mit seinem Leib und seiner Seele, seiner ganzen Person macht.

Daher ist die Psychomotorik ein wichtiges Element der Elementarpädagogik: Denn aus dieser Perspektive ist Bewegung ein grundlegendes Medium der Entwicklungsförderung, das täglich berücksichtigt werden muss. Werden die Bewegungsbedürfnisse von Kindern vernachlässigt, hat das gravierende Folgen – nicht nur für ihre Motorik, sondern für den gesamten Prozess der kindlichen Entwicklung.

# Kapitel 4

## Was Kinder bewegt: Spiele zum Darstellen und Sich-Ausdrücken

Kinder lieben das Artikulieren von Gefühlen mit Stimme, Körper, Sprache und Bewegung im Spiel. Manchmal bieten die Rollen von Tieren und Fantasiefiguren den Schutz, den Kinder bei der Äußerung des von Erwachsenen nicht immer akzeptierten Verhaltens brauchen. Hier können die Kinder in Rollen schlüpfen, die sie im Alltag nur selten oder nie spielen können: eine Pferdedompteurin, oder ein Prinz, aber auch ein Löwe oder eine Clownin.

Einen guten Einstieg ins darstellende Spiel bieten darüber hinaus Bewegungsgeschichten, in denen eine spannende Handlung von den Kindern nach- bzw. während des Erzählens mitgespielt wird. Sie eröffnen die Möglichkeit, kurzfristig verschiedene Rollen einzunehmen, sie zu wechseln und so mit Ausdrucksmöglichkeiten zu experimentieren (vgl. Zimmer 2014b).

Oft entwickeln sich Ideen zum Darstellen und Übernehmen verschiedener Rollen auch im freien Spiel der Kinder; sie können von der pädagogischen Fachkraft aufgegriffen, ergänzt und erweitert werden.

# Rollenspiele



Als Einstieg für »Darstellendes Spielen« eignen sich Szenen und Geschichten aus der Vorstellungs- oder der Alltagswelt von Kindern. Musik kann dabei die Fantasie und Vorstellung anregen, sie sollte jedoch erst dann hinzugenommen werden, wenn die Kinder mit der Spielidee selbst eine Zeit lang frei experimentiert haben.

Die Darstellung von Tieren, ihren Bewegungsformen und Verhaltensweisen, ermöglicht dem Kind, in die Rolle des Stärkeren, aber auch des Schwächeren zu schlüpfen.

PRAXISTIPP

### WIE ROLLENSPIELE WIRKEN

»Rollen- und Darstellungsspiele« können

- befreiend wirken, wenn die Rolle Verhaltensweisen ermöglicht, die normalerweise verboten sind oder von den Erwachsenen nicht gern gesehen werden,
- Entlastung mit sich bringen, wenn die gespielte Situation im Alltag mit Furcht verbunden ist und das Spiel die Auseinandersetzung mit nicht realen Vorstellungen mit sich bringt,
- die kindliche Kreativität und Vorstellungskraft anregen und die Erlebnisfähigkeit in Spiel- und Bewegungssituationen unterstützen.

# Pferdchenspiele

**Mitspieler:**
beliebig viele

**Material:**
Seile

**Ort:**
Bewegungs- oder Gruppenraum

**Die Idee:** Die Kinder spielen häufig Pferdchen, einige von ihnen haben Erfahrungen beim Voltigieren gesammelt und kennen die verschiedenen Fortbewegungsarten der Pferde.



**Spielimpulse:**

- **Fortbewegungsarten:** Diese Erfahrungen lassen sich in einer gemeinsamen Spielaktion nutzen, indem z.B. über die Gangarten eines Pferdes gesprochen wird und diese dann gemeinsam erprobt werden (vgl. Zimmer/Vahle 2012): im »Schritt« gehen, traben, galoppieren, springen.
- **Hindernisparcours:** Als Hindernisse dienen den Pferdchen die Tische und Stühle im Gruppenraum. Gelingt es ihnen, sie nicht anzustoßen oder sie zu berühren? Auch die Pferdchen sollten möglichst nicht zusammenstoßen.
- **Pferdchen und Dompteur:** Jeder hat einen Partner, der den Dompteur spielt. Er sagt dem Pferdchen, in welche Richtung es gehen und welche Gangart es einnehmen soll. Nach kurzer Zeit werden die Rollen gewechselt. Der Dompteur oder Reitlehrer sollte bei dem Spiel immer in der Nähe seines Pferdchens bleiben.
- **Longieren:** In einem großen, ausgeräumten Raum können die Pferdchen auch alle an einer Longe gehen. Sie stehen im Kreis um ein Kind, das den Reitlehrer oder Dompteur spielt. Es gibt den Pferdchen die Richtung (rechtsherum, linksherum) oder die Gangart (Schritt, Trab, Galopp) vor.

# Im Zirkus

**Mitspieler:**
beliebig viele

**Material:**
Requisiten aus der Verkleidungskiste, div. Materialien wie Seile, Chiffontücher etc. Turnmatten, Bänke

**Ort:**
Bewegungs- oder Gruppenraum



**Die Idee:** Viele Kinder waren schon einmal in einer Zirkusvorstellung und können erzählen, was sie dort gesehen haben. Besonderes Interesse finden meistens die Clowns, die Akrobaten, der Zauberer und manche Tier-»Nummern«.
Aus diesen Gesprächen kann sich ein Zirkusspiel entwickeln. Meist entstehen auf Anhieb eine Menge Ideen, nicht alle sind realisierbar, weil z.B. die Geräte (Trapez) fehlen.
In der Gruppe wird zunächst sondiert, was sich im Spiel darstellen lässt und welche Geräte und Requisiten hierfür benötigt werden. Kinder haben Spaß am Verkleiden, für jede »Nummer« wird ihre Kleidung anders zusammengestellt und aus der Verkleidungskiste ergänzt. Gemeinsam können dann einige Übungssituationen für die Zirkusnummern aufgebaut werden:

**Spielimpulse:**

- **Seiltanzen:** Auf dem Boden wird ein Tau ausgelegt, das ein Drahtseil darstellen soll. Zum Balancieren auf dem Seil benötigt man eine lange Stange (Stab, Besenstiel oder Schirm), auf dem Seil können aber auch Kunststücke wie Sprünge, Rollen und dergleichen ausprobiert werden.

- **Jonglieren:** Für die Jongliervorstellung werden verschiedene Materialien zusammengetragen: Chiffontücher, von denen zwei oder sogar drei nacheinander hochgeworfen und wieder aufgefangen werden können. Geeignet sind auch Reifen, die man um den Arm oder um die Taille (Hula-Hoop) kreisen lassen kann.

- **Gewichtheben:** Auf die Enden eines Stabes wird jeweils eine Schaumstoffkugel gesteckt. Die »Gewichtheber« probieren aus, wie sie die »Hantel« hochstemmen können: In die Knie gehen, mit zusammengebissenen Zähnen die Stange anheben, sie mit äußerster Kraftanstrengung nach oben strecken usw.

- **Schlangenbeschwörer:** Ein Kind liegt zusammengekauert am Boden, es spielt die Schlange, die sich auf das Singen, Flöten oder Pfeifen eines »Schlangenbeschwörers« hin langsam in Bewegung setzt. Zuerst schlängelt sie sich nur über den Boden, dann erhebt sie sich und tanzt auf den Knien weiter.

- **Bodenakrobaten:** Auf einer Bodenturnmatte können Kunststücke gezeigt werden: Rollen und Purzelbäume, Sprünge und Standwaagen, vielleicht sogar ein Rad.

- **Löwe im Feuerreifen:** Zwischen zwei Bodenturnmatten wird ein Reifen eingeklemmt. Dressierte Löwen kriechen und steigen durch den Reifen, vielleicht wagt sogar einer, durch den Reifen auf die Matte zu rollen.

- **Elefantendressur:** Mehrere Elefanten werden von ihrem Dompteur herumgeführt, sie können auf Befehl die Rüssel, ein Bein heben oder sich auf die Hinterbeine stellen.

- **Clown:** Eine der beliebtesten »Nummern«, wenn auch die schwierigste, sind die Clowns. Hier ist zunächst das Kostüm das Wichtigste: Erwachsenen-Schuhe, über die der Clown immer wieder stolpert, ein langes T-Shirt, unter das mehrere Luftballons gesteckt werden, ein Hut, eine rote Clownsnase und Schminke usw. Gemeinsam muss dann besprochen werden, was das Lustige am Clown ist: seine tollpatschigen Bewegungen, sein Aussehen, seine Sprache?



Tipp:

Aus diesem meist über einen längeren Zeitraum hinweg inszenierten Zirkusspiel kann sich auch der Wunsch nach einer Vorstellung (vor den anderen Kindergartengruppen oder sogar vor den Eltern) entwickeln.
Die Vorbereitung einer solchen Vorstellung sollte nur so viel Zeit in Anspruch nehmen, wie es für die Kinder interessant und reizvoll bleibt. Keinesfalls dürfen Perfektion und reibungslose Organisation angestrebt werden. Sie ist bei Kindergartenkindern ohnehin nicht zu erreichen und stört auch das spontane, meist improvisierte und deswegen auch jedes Mal wieder etwas anders ausfallende Spiel der Kinder (Beispiele für Zirkuslieder: Zimmer/Vahle 2012).

# Gefühle erleben und verarbeiten

Gefühle begleiten uns vom ersten Lebenstag an. Freude, Wut, Liebe, Trauer, Ärger, Neid, Stolz – sie sind schon bei Kleinkindern vorhanden, sie begleiten uns aber auch noch als Erwachsene. Gefühle entstehen im Alltag. Kinder müssen lernen, mit ihnen umzugehen, sie einzuordnen, sie einerseits zuzulassen und ihnen Ausdruck zu geben, sie andererseits aber auch zu kontrollieren und zu regulieren. Genauso wichtig ist es, Gefühle der anderen wahrnehmen und verstehen zu können. Das gehört zu den Kompetenzen, die für das Zusammenleben in einer Gemeinschaft unentbehrlich sind.

Die Fähigkeit mit den eigenen Gefühlen und mit anderen Menschen umzugehen wird als sozial-emotionale Kompetenz bezeichnet.

Der Erwerb sozial-emotionaler Kompetenzen braucht ebenso wie die Aneignung motorischer Fertigkeiten Anlässe im Alltag, in denen Kinder die Wahrnehmung, den Ausdruck und den Umgang mit Gefühlen üben können.

# Die Reise ins Land der Freude, der Wut, des Trotzes …

**Mitspieler:**
beliebig viele

**Material:**
Matten/
Teppichfliesen

**Ort:**
Bewegungs- oder
Gruppenraum

**Die Idee:** Eine gemeinsame Reise ins Land der Gefühle kann thematisch beliebig von Kindern und der pädagogischen Fachkraft gestaltet werden (Land der Langeweile, der Albernheit, der Traurigkeit, der Wut, Trotzes etc.).



**Spielimpulse:**

- Die Spielleitung erzählt: *»Wir machen eine Reise in ein geheimnisvolles Land. Die Menschen, die in diesem Land wohnen, sind sehr lustig, sie freuen sich den ganzen Tag über die* Sonne, *die dort oft scheint, über den Regen, unter dem sie sich duschen. Alle Besucher, die in dieses Land kommen, werden von der Freude angesteckt. Auch sie werden lustig und hüpfen vor Freude umher. Wir wollen eine Reise in das Land der Freude machen, es ist weit entfernt, deswegen müssen wir mit dem Zug dorthin fahren …«*
- Die Kinder bilden eine lange Reihe, finden Bewegungen und Geräusche, die einen Zug darstellen, und kommen nach einigen Runden im Raum im Land der Freude an.
- Wenn sie aus dem Zug steigen, drückt jedes Kind die Freude in seiner ihm eigenen Art aus.
- Am Abend fallen alle müde in ihre Betten (Matten oder Teppichfliesen, die im Raum verteilt auf dem Boden liegen) und ruhen sich von dem anstrengenden Tag aus.

# Die Hüpf-, Lach-, Rutschstraße

**Mitspieler:**
beliebig viele

**Material:**
keines

**Ort:**
Bewegungs- oder Gruppenraum



**Die Idee:** Bei dieser Reise bilden die Bewegungsformen den Ausgangspunkt für viel Spaß, Lachen und Gekicher.

**Spielimpulse:**

- Dieses Mal besuchen wir in dem geheimnisvollen Land eine ebenso geheimnisvolle Stadt, in der es ganz seltsame Straßennamen gibt:
  - die Hüpfstraße,
  - die Kitzelstraße,
  - die Rutschstraße,
  - die Streichelstraße,
  - die Po-Klatsch-Straße,
  - die Heulstraße oder
  - die Hampelmann-Straße.

Wenn man sich in dieser Stadt befindet, muss man das machen, was der Straßenname angibt. Manchmal sind die Straßen lang, manchmal sind sie ganz kurz, sodass das Kitzeln, Hüpfen, Rutschen immer wieder von einer anderen Bewegung abgelöst wird.

PRAXISTIPP

## WUT UND AGGRESSION AUSDRUCK VERLEIHEN

Ein Ringkampf mit Regeln zwischen zwei sich streitenden Kindern auf einer Matte kann dazu beitragen, den Streit untereinander zu schlichten. Der Streit wird ausgetragen, nicht abgebrochen oder einfach verboten. Letzteres führt oft dazu, dass Wut und Aggressionen weiter bestehen bleiben, dass sie häufig zu zerstörerischem Verhalten führen: Ein Spielzeug wird weggeschleudert, ein jüngeres Kind attackiert.

Der Grund liegt meist in der Verletzung des Selbstwertgefühls eines Kindes, in der Missachtung seiner Wünsche, in dem Gefühl, zurückgesetzt zu sein. Das Kind wehrt sich mit den ihm zur Verfügung stehenden Mitteln. Antriebsstarke Kinder reagieren mit Aggressionen und mit körperlichen Auseinandersetzungen, antriebsarme dagegen ziehen sich zurück.

Ein Spiel zum Thema »Kämpfen«, »Sich wehren« kann Kindern helfen, mit dem Gefühl der Wut und Ohnmacht fertig zu werden. Allerdings müssen Regeln vereinbart werden, die Kinder vor Verletzungen schützen und die dem Schwächeren die Möglichkeit geben, jederzeit abzubrechen. Kämpfen ist hier keine Bedrohung oder Gefahr, sondern unterliegt vereinbarten Regeln, über deren Einhaltung die Spielleitung und auch die anderen Kinder wachen

# Ringen, raufen, Kräfte messen

**Mitspieler:**
beliebig viele

**Material:**
Matten, evtl. Seil; Luftballons

**Ort:**
Bewegungs- oder Gruppenraum

**Die Idee:** Handgreiflichkeiten, Streitereien, kleine Kämpfe treten oft schon bei kleinen Kindern auf, pädagogische Fachkräfte sind dabei häufig hilflos: Wie sollen sie darauf reagieren? Sollen sie die Streithähne trennen, mit ihnen reden oder sie den Streit alleine regeln lassen? Ringgkämpfe mit Regeln können helfen, Wut und Aggression Ausdruck zu verleihen und Konflikte zu deeskalieren.

Ringen und Sich-Balgen muss aber nicht immer Ausdruck von Aggression und körperlichem Angriff sein, es kann auch eine Form lustvollen, spielerischen Körperkontaktes sein, ein Sich-Necken, das Spielen mit den Körperkräften. Dieses Balgen und Rangeln trägt zu lustvollen Körpererfahrungen bei, sättigt das Bedürfnis nach Kraftverausgabung und Anstrengung, es erschöpft und macht damit auch Erholung genießbar (vgl. Beudels 2019).

**Wichtig:** In dieser Form wird es jedoch nur von den Kindern empfunden, die es auch von selbst wollen. Niemals sollte die Spielleitung daher das Ringen und Raufen verpflichtend machen. Nur wer gerne möchte, geht mit einem – selbst ausgesuchten – Partner auf die Matte.

**Spielimpulse:**

- **Ringspiele ohne direkten Körperkontakt** – Diese Spiele beinhalten zwar das Messen von Kraft und Geschicklichkeit, schließen jedoch den direkten Körperkontakt aus: Hierzu gehören z.B. Tauziehen zu zweit oder Luftballonkämpfe, bei denen jedes Kind einen Luftballon hat und damit versucht, den Ballon des anderen zu treffen.

- **Ringspiele auf dem Boden** – Hier ist die direkte, nahe körperliche Auseinandersetzung gestattet. Folgende Regeln können vereinbart werden:
  - Beide Partner knien auf der Matte. Der Partner soll in Rückenlage auf die Matte gebracht werden.
  - Aus dem Kniestand gegenüber soll der Partner dazu gezwungen werden, mit den Schultern den Boden zu berühren.
  - Beide Partner sitzen Rücken an Rücken, haben die Arme eingehakt und versuchen, sich gegenseitig zur Seite zu drücken, sodass der andere mit der Schulter die Matte berührt.
  - Um dem Kind die Möglichkeit des jederzeitigen Spielabbruchs zu geben, kann die »Stopp-Regel« hilfreich sein. Ruft ein Spielpartner »Stopp«, muss der andere ihn sofort loslassen.

**Tipp:**

Wichtig sind auch die »Ring-Rituale«: zum Beispiel Begrüßungs- und Verabschiedungszeremonien, Schiedsgerichte und Matten als Ortsbegrenzung. Damit wird die Friedfertigkeit des Wettstreites unterstrichen und der Charakter des freiwilligen Spiels betont.

PRAXISTIPP

## OFFENE UND ANGELEITETE BEWEGUNGSANGEBOTE

Offene Bewegungsangebote schaffen einen Rahmen, der Orientierung und Sicherheit gibt, innerhalb dessen die Kinder jedoch frei entscheiden können, wie Bewegungsideen weiter ausgebau oder verändert werden. Innerhalb des geplanten Themas, das z. B. durch ein bestimmtes Material vorgegeben sein kann, sollte ein ausreichend großer Spielraum für die individuelle Ausgestaltung durch die Kinder vorhanden sein.
Freies Bewegen und angeleitetes Üben wechseln sich dabei ab; der Schwerpunkt liegt auf dem Spiel. Die kindliche Bewegungs- und Spielbereitschaft braucht nur aufgegriffen zu werden.
Freie und angeleitete Bewegungsangebote sollten in Balance zueinander stehen. Angeleitete Angebote sollten ebenso freies Spielen und Ausprobieren ermöglichen, wie im freien Spielen und Bewegen Hilfe und Rat von der Spielleitung gegeben werden können. Freie Bewegungsgelegenheiten sind an der momentanen Situation in der Kindergartengruppe orientiert; sie können aktuelle Bedürfnisse und Interessen der Kinder berücksichtigen, angeleitete Angebote können das Spiel- und Bewegungsrepertoire erweitern. Eine gute Verbindung von offenen und angeleiteten Bewegungsangeboten stellen die Bewegungslandschaften dar (vgl. Zimmer 2014a).

# Kapitel 5

## Berühren, beobachten, entdecken: Mit allen Sinnen spielen

Betasten und Berühren, Beobachten und Entdecken, Finden und Bestaunen – damit diese Prozesse entstehen, bedarf es Spielsituationen, in denen das Kind selbst tätig werden kann, die sein Interesse wecken und es neugierig machen, in denen es seinen Körper und alle Sinne einsetzen kann.

Die Sinne sind wie Antennen, über die das Kind mit der Umwelt kommuniziert. Sie sind die Nahtstelle zwischen innen und außen, zwischen dem Menschen und der Welt. Für Kinder stellt die sinnliche Wahrnehmung den Zugang zur Welt dar. Sie ist die Wurzel jeder Erfahrung, durch die sie die Welt jeweils für sich wieder neu aufbauen und verstehen können (vgl. Zimmer 2019a).

**KURZ & KNAPP**

### Sinnesorgane und Wahrnehmungssysteme

- der Sehsinn (visuelle Wahrnehmung)
- der Hörsinn (auditive Wahrnehmung)
- der Tastsinn (taktile Wahrnehmung)
- der Geruchssinn (olfaktorische Wahrnehmung)
- der Geschmackssinn (gustatorische Wahrnehmung)
- der Gleichgewichtssinn (vestibuläre Wahrnehmung)
- die Bewegungsempfindung (kinästhetische Wahrnehmung)

# Förderung der visuellen Wahrnehmung

Über die Augen wird der größte Teil der Informationen aufgenommen. Wichtige Merkmale zur Unterscheidung von Objekten sind deren Farben, Form oder Größe.

Im Kindergartenalter scheinen Kinder der Farbwahrnehmung den Vorzug zu geben, Größen- und Formwahrnehmungen kommen erst später hinzu.

Gut geeignet für Farbwahrnehmungsspiele sind Tücher in den Grundfarben Rot, Blau, Gelb und Grün.

## Tüchertanz

**Mitspieler:** beliebig viele

**Material:** Tücher in verschiedenen Farben

**Ort:** Bewegungs- oder Gruppenraum

**Die Idee:** Jedes Kind erhält ein Tuch. Alle laufen durch den Raum, lassen ihr Tuch flattern oder binden es sich um den Körper.

**Spielimpulse:**

Auf ein Zeichen (Klatschen, Tamburinschlag o.Ä.):

- sucht sich jeder einen Partner, der ein Tuch in der gleichen Farbe besitzt;
- kommen alle die Kinder zusammen, die Tücher in der gleichen Farbe haben;
- sollen Gruppen gebildet werden, in denen alle Farben mindestens einmal vorhanden sind.

# Ampelspiel

**Mitspieler:**
beliebig viele

**Material:**
Tennisringe oder Reifen, Karten oder Tücher in Gelb, Rot und Grün

**Ort:**
Bewegungs- oder Gruppenraum

**Die Idee:** Die Kinder spielen Autos, jeder hat einen Tennisring (oder einen Reifen), den er als Lenkrad benutzt.

**Spielimpulse:**

- Die Spielleitung stellt den Verkehrspolizisten dar, der anhand von drei Farbsignalen (Karten oder Tücher in den Farben Rot, Gelb und Grün) angibt, ob die Autofahrer stoppen oder weiterfahren können. Bei Gelb dürfen alle auf der Stelle treten (Leerlauf).
- Die Rolle des Polizisten kann auch von einem Kind übernommen werden.

# Schatzsuche

**Mitspieler:**
beliebig viele

**Material:**
Teppichfliesen oder Reifen



**Ort:**
Bewegungs- oder Gruppenraum

**Die Idee:** Jedes Kind hat eine Teppichfliese oder einen Reifen in einer bestimmten Farbe. Dieses Gerät stellt eine Schatztruhe dar, in die jedoch nur Gegenstände (z.B. Spielgeräte aus dem Gruppenraum) der gleichen Farbe gesammelt werden dürfen.

**Spielimpulse:**

- Jedes Kind darf nun auf Schatzsuche gehen und Sachen seiner Farbe in die Schatztruhe bringen.
- Eventuell kann das Spiel auch mit Zeitbegrenzung durchgeführt werden: Die Spielleitung schließt die Augen und zählt dabei bis zehn. Bis dahin darf jedes Kind so viele Schätze wie möglich sammeln.

# »Wer fehlt?«

**Mitspieler:**
beliebig viele

**Material:**
eine Decke

**Ort:**
Bewegungs- oder Gruppenraum

**Die Idee:** Da hat sich jemand unter der Decke versteckt. Aber wer?

**Spielimpuls:**

- Alle Kinder sitzen im Kreis auf dem Boden. In der Mitte liegt eine Decke. Während alle die Augen schließen, versteckt sich ein Kind unter der Decke. Die Spielleitung gibt den anderen Kindern ein Zeichen, wann sie die Augen öffnen und erkennen sollen, wer aus dem Kreis fehlt und unter der Decke steckt.

WISSEN KOMPAKT

# Das Zusammenspiel der Sinne

Zwar sind die meisten Menschen von Geburt an mit einer durchschnittlich guten Fähigkeit zur Wahrnehmung ausgestattet, diese Grundfähigkeit muss jedoch vor allem in der Kindheit durch beständige Anpassung an Situationen, Dinge und Anforderungen geübt werden. Je vielfältiger sensorische Funktionen geübt werden, umso sicherer werden Kinder in ihren Bewegungen und umso besser gelingt es ihnen, den an sie gestellten Anforderungen gerecht zu werden.

Ein sensorisches System kann sich nur dann optimal entwickeln, wenn es aktiviert und angeregt wird. Das Zusammenspiel der Sinne wird gefördert durch körperliche Aktivitäten, sie setzen komplexe Anpassungsreaktionen in Gang. Kinder lernen Neues hinzu, und durch die Anpassungsreaktionen hat das Gehirn die Chance, sich weiterzuentwickeln und sich damit besser zu »organisieren«.

Die sinnlichen Eindrücke müssen sortiert, geordnet und verarbeitet werden. Sinnliche Erfahrungen in der richtigen Weise miteinander zu verbinden, ist eine wichtige Voraussetzung für jede Art von Lernen. Diesen Vorgang bezeichnet man auch als »Integration der Sinne« (vgl. Ayres 2016).

Das kindliche Spiel ist als Übung der Wahrnehmungsfunktionen zu verstehen. Auch eine dem Erwachsenen zunächst nur als »einfaches Spielen« erscheinende Betätigung des Kindes besteht aus zahllosen Anpassungsreaktionen. Sie bilden die Grundlage für ein geordnetes Aufnehmen und Verarbeiten sinnlicher Erfahrungen, die das Kind auch bei späteren komplexeren Tätigkeiten und Handlungen – wie z. B. Lesenlernen und Schreiben – benötigt.

Eine möglichst vielseitige Übung der sinnlichen Wahrnehmung stellt die Grundlage der kindlichen Entwicklung dar. Dabei sind Wahrnehmung und Bewegung unmittelbar miteinander verbunden (vgl. Zimmer 2019a).

# Förderung der auditiven Wahrnehmung

Erst wenn das Sehen ausgeschaltet ist, wird das Hören intensiviert. Zur Förderung der auditiven Wahrnehmung sollten also die Augen geschlossen werden.



## Geräusche erkennen

**Mitspieler:**
beliebig viele

**Material:**
Schlüsselbund; Teller mit einem Löffel; zwei Topfdeckel, die aneinandergeschlagen werden können; ein Stück Zeitungspapier zum Zusammenknüllen; ein Buch zum Blättern; eine Fahrradluftpumpe usw.

**Ort:**
Bewegungs- oder Gruppenraum

**Die Idee:** Auf einen Tisch werden verschiedene Gegenstände gelegt, mit denen man Geräusche erzeugen kann.

**Spielimpulse:**

- Die Kinder schauen sich die Gegenstände an und benennen sie, während die Spielleitung ihnen die Geräusche vorführt.
- Jetzt schließen sie die Augen und drehen der Erzieherin den Rücken zu. Diese macht nun mit einem Gegenstand ein Geräusch, das die Kinder erraten sollen. Erst wenn die Gruppe sich geeinigt hat, um welchen Gegenstand es sich handelt, drehen sie sich um und überprüfen, ob ihre Lösung stimmt.

**Tipp:**

Die Spielleitung kann mit den Kindern auch einmal ein Experiment machen: Wann hört man besser: mit geöffneten oder geschlossenen Augen?

IT´S A GIRL
Pretty nature
Fun at the sun

# Obstsalat

**Mitspieler:** beliebig viele

**Material:** keines

**Ort:** Bewegungs- oder Gruppenraum

**Die Idee:** In diesem Spiel wird die auditive Differenzierungsfähigkeit, das Reaktions- und Konzentrationsvermögen der Kinder angesprochen. Es ist gut im Stuhlkreis durchzuführen.

**Spielimpulse:**

- Jedes Kind bekommt den Namen einer Obstsorte zugeteilt: Banane, Apfel, Birne usw. Jede Obstsorte ist mindestens zweimal vorhanden. Hat sich jeder seine Obstsorte gemerkt? Die Spielleitung ruft eine Obstsorte auf, die entsprechenden Kinder tauschen untereinander die Plätze.
- **Variation als Fangspiel:** Jeweils drei bis vier Kindern wird die gleiche Obstsorte zugeordnet. Ein Kind steht in der Mitte und ruft einen Obstnamen auf. Die dazugehörigen Kinder tauschen schnell ihre Plätze, während das Kind in der Mitte versucht, auf einen der frei werdenden Plätze zu gelangen. Gelingt ihm dies, so übernimmt das Kind, das den besetzten Platz einnehmen sollte, den Platz in der Mitte.

# Blindenhund

**Mitspieler:**
beliebig viele

**Material:**
Tücher zum Verbinden der Augen

**Ort:**
Bewegungs- oder Gruppenraum

**Die Idee:** »Asta« ist ein Blindenhund, der viele Blinde gleichzeitig führen kann.

**Spielimpuls:**

- Alle Kinder schließen die Augen (oder legen sich ein Tuch, durch das sie nicht hindurchsehen können, über den Kopf). Die Spielleitung flüstert einem Kind zu: »Du bist ›Asta‹.« Alle anderen wissen nicht, wer »Asta« ist und sollen versuchen, den Blindenhund zu finden. Begegnen sie einem anderen Kind, fragen sie sich gegenseitig leise: »Bist du ›Asta‹?« Sind sie es beide nicht, gehen sie weiter. Treffen sie wirklich auf »Asta«, nimmt dieser sie bei der Hand, bildet mit ihnen eine Reihe, die immer länger wird, bis sich schließlich alle Kinder in dieser Kette befinden.



## Tipp:

Bei diesem Spiel sollte darauf geachtet werden, dass bis auf die leise gestellte Frage »Bist du ›Asta‹?« möglichst wenig gesprochen bzw. Lärm gemacht wird.
Es ist aufgrund seiner hohen Anforderungen an die Konzentration vorwiegend für die älteren Kinder einer Gruppe geeignet.

# Förderung der taktilen Wahrnehmung

Über den Hautsinn nimmt das Kind Temperatur wahr, es ertastet die Beschaffenheit von Material, es lernt, mit den Händen zu »sehen«. Auch bei den folgenden Beispielen ist es sinnvoll, die Augen zu schließen.



## Spuren ertasten

**Mitspieler:** beliebig viele

**Material:** Seil oder Gardinenband; Tennisring, Sandsäcke o. Ä.

**Ort:** Bewegungs- oder Gruppenraum

**Die Idee:** Zwei Gegenstände werden in einiger Entfernung zueinander auf den Boden gelegt. Zwischen ihnen befindet sich ein Seil oder ein Gardinenband.

**Spielimpulse:**

- Ein Kind ertastet mit verbundenen Augen den Weg von einem Gegenstand zum anderen.
- Zu dieser Aufgabe kann die Spielleitung auch eine Geschichte erzählen, zum Beispiel: *»Ein Kind kommt in eine fremde Stadt. Damit es sich nicht verläuft, nimmt es beim ersten Spaziergang ein langes Band mit, das es an seiner Haustür befestigt. Das Band zeigt ihm von jedem Ort den Weg nach Hause zurück. So kann es den Weg auch finden, wenn es die Augen geschlossen hat.«*

# Spiele mit Gardinenband

**Mitspieler:**
beliebig viele

**Material:**
Stücke von Gardinenbändern in unterschiedlichen Längen, evtl. Seile

**Ort:**
Bewegungs- oder Gruppenraum

**Die Idee:** Mit der Bleischnur sollen verschiedene Formen auf den Boden gelegt werden:

**Spielimpulse:**

- Eine Straße, die viele Kurven und gerade Strecken hat,
- ein Kreis, ein Haus (Viereck mit Dach) etc.



**Tipp:**

Für diese Aufgabe können auch Seile verwendet werden, die Gardinenbänder sind jedoch auf dem Boden besser formbar, mit ihnen lassen sich auch spitze Ecken legen.

# »Krabbelsack«

**Mitspieler:**
beliebig viele

**Material:**
Plastikteller, Haarbürste, Tennisball

**Ort:**
Bewegungs- oder Gruppenraum

**Die Idee:** In einem Kopfkissenbezug sind mehrere Gegenstände versteckt, die über das Ertasten gut erkannt werden können.

**Spielimpulse:**

- Jedes Kind darf in den »Sack« greifen und einen Gegenstand – bevor es ihn herausholt – beschreiben bzw. benennen.
- **Variation:** Von jedem Gegenstand befinden sich zwei Exemplare in dem Sack. Wer hineingreift, muss zuerst beide Gegenstände finden, bevor er sie beide herausholen darf.

# Spiele mit dem Gleichgewicht (vestibuläre Wahrnehmung)

Sobald das Kind den aufrechten Gang und die einigermaßen sichere Fortbewegung erlangt hat, liebt es alle Spiele, die seinen Gleichgewichtssinn herausfordern: Auf einer Linie balancieren, über die Bordsteinkante gehen, über einen Strich am Boden springen, kurzzeitig auf einem Bein zu stehen versuchen, sich um die eigene Körperachse drehen – diese Kunststücke üben seinen Gleichgewichtssinn und seine Koordinationsfähigkeit.



KURZ & KNAPP

### Elementare Wahrnehmungserfahrungen

Das vestibuläre Wahrnehmungssystem wird auch bei Schaukel- und Drehbewegungen angesprochen. Es handelt sich hier um elementare Wahrnehmungserfahrungen, die das Kind von seiner Geburt an kennt (getragen werden, in einer Wiege geschaukelt werden).

# Inselspringen

**Mitspieler:**
beliebig viele

**Material:**
Sandsäckchen, Bierdeckel, Holzbrettchen, umgedrehte größere Konservendosen, kleine Kästen, Seile

**Ort:**
Bewegungs- oder Gruppenraum

**Die Idee:** »Wir wollen eine matschige Straße überqueren und benötigen dafür kleine Inseln, auf die wir uns mit wenigstens einem Fuß stellen können.«

**Spielimpuls:**

- Verschiedene »Inseln« auf der »Straße« verteilen. Hierzu kann der ganze Raum verwendet werden, oder es wird mit einigen Seilen eine richtige Straße abgetrennt. Je kleiner die Inseln sind, umso näher müssen sie zusammenliegen; größere Inseln kann man auch mit einem Sprung erreichen.

# Musikalische Geister

**Mitspieler:**
beliebig viele

**Material:**
rhythmische Musik

**Ort:**
Bewegungs- oder Gruppenraum

**Die Idee:** »Wir stellen Geister und Gespenster dar, die sich nur dann, wenn Musik erklingt, bewegen können.«

**Spielimpuls:**

- Wenn die Musik stoppt, stehen alle wie versteinert und können nicht einmal mehr von einem Fuß auf den anderen treten. Setzt die Musik jedoch ein, nutzen alle für kurze Zeit ihre Beweglichkeit aus und tollen wild umher.

## Tipp:

Die Spielleitung kann eine CD mit rhythmischer Musik verwenden. Sie kann jedoch auch auf einem Instrument spielen oder eine Melodie summen. Wichtig ist, dass der Übergang zum »Stillstehen« plötzlich und unerwartet kommt, sodass die Kinder aus der Bewegung heraus zum Gleichgewicht finden müssen.

# Blindenführer

**Mitspieler:**
beliebig viele

**Material:**
Ziehtau, Stühle, Sandsäckchen, Brett etc.

**Ort:**
Bewegungs- oder Gruppenraum

**Die Idee:** Im Raum werden verschiedene Gerätestationen aufgebaut, die die Gleichgewichtserhaltung ansprechen: Ein Ziehtau wird zum Balancieren auf den Boden gelegt; mehrere Stühle stellen, hintereinander aufgestellt, eine Brücke mit Geländer dar; mehrere Sandsäckchen werden zu einem Hügel aufeinandergetürmt etc.



**Spielimpulse:**

- Die Kinder probieren zunächst die einzelnen Stationen aus und versuchen, sich auf ihnen im Gleichgewicht zu halten.
- Später kann ein Kind mit geschlossenen Augen von einem anderen Kind über die einzelnen Stationen geführt werden. Der »Blindenführer« fasst seinen Partner hierbei am Arm und begleitet ihn ganz vorsichtig und behutsam.

# Kinästhetische Wahrnehmung – Bewegungsempfindung

Wenn wir mit geschlossenen Augen oder im Dunkeln einen Apfel essen möchten, finden wir ohne Mühe unseren Mund und beim Klatschen in die Hände müssen wir nicht ständig mit den Augen kontrollieren, dass die eine Handfläche auf die andere trifft.



Dass dies funktioniert, liegt an der sog. »kinästhetischen Wahrnehmung«. Darunter wird die Lage- und Bewegungsempfindung, die durch die Muskeln und Gelenke vermittelt wird, verstanden. Sie ist uns meist nicht bewusst, wir können automatisch auf sie zurückgreifen, da wir sie oft geübt haben und ein inneres Bild über den Ablauf alltäglicher Bewegungen in uns tragen (Zimmer 2019a). Bewegungsspiele können zur Sensibilisierung des Kraft-, Spannungs- und Bewegungssinnes beitragen.

## Muskelmessen

**Mitspieler:** beliebig viele

**Material:** keines

**Ort:** Bewegungs- oder Gruppenraum

**Die Idee:** Zwei Kinder messen ihre Kräfte am Tisch.

**Spielimpuls:**

- Zwei Kinder sitzen sich am Tisch gegenüber. Sie stützen je einen Ellbogen auf und halten sich an den Händen. Jedes Kind versucht nun, die Hand seines Partners auf den Tisch zu drücken.

# Aufzug

**Mitspieler:**
beliebig viele

**Material:**
keines

**Ort:**
Bewegungs- oder Gruppenraum

**Die Idee:** Hier geht's nicht ums Kräftemessen, sondern um die Koordination der Kräfte. Ein elektrischer Aufzug ist zum Hochkommen nicht nötig.

**Spielimpuls:**

- Jeweils zwei Kinder sitzen Rücken an Rücken auf dem Boden. Sie hocken ihre Beine an und sollen nun gemeinsam aufstehen, ohne sich mit den Händen abzustützen. Ebenso können sie versuchen, sich aus dem Stand Rücken an Rücken hinzusetzen.

# Denkmal bauen

**Mitspieler:**
beliebig viele

**Material:**
keines

**Ort:**
Bewegungs- oder Gruppenraum



**Die Idee:** Ein Partner soll den Körper des anderen, ohne dass dieser aktiv wird, behutsam in eine bestimmte Stellung bringen.

**Spielimpulse:**

- »Könnt ihr auf diese Weise ein Denkmal mit eurem Partner errichten?« Der Partner muss z. B. einen angehobenen Arm in dieser Position halten, darf die Stellung seines Körpers aber möglichst wenig selbst verändern.
- **Variation:** Zwei Kinder bilden aus einem Dritten ein Denkmal, das anschließend mit einem Betttuch verhüllt wird. Alle anderen Kinder versammeln sich nun um das verdeckte Denkmal herum und versuchen zu erkennen, in welcher Position es steht. Sie ahmen die Pose nach, und nach dem Enthüllen der Figur kann überprüft werden, wer dem richtigen Denkmal am ähnlichsten ist. Bei mehreren Kleingruppen kann die Figur auch abgetastet werden.

# Literatur


Ayres, A.J. (2016): Bausteine der kindlichen Entwicklung. 4. Aufl. Berlin: Springer.

Beins, H.J. (2020): Bauen ist lustvolles Lernen. Wie Kinder spielerisch Balance finden. 2. Aufl. Dortmund: Borgmann.

Beudels, W. u.a. (2019): Das ist für mich ein Kinderspiel. 12. Aufl. Dortmund: Borgmann.

Köckenberger, H. (2012): Bewegungsspiele mit Alltagsmaterial. Dortmund: Borgmann.

Zimmer, R. (2011): Psychomotorik für Kinder unter 3 Jahren. Freiburg: Herder.

Zimmer, R. (2013): Sport und Spiel im Kindergarten. 5. Aufl. Aachen: Meyer & Meyer.

Zimmer, R. (2014a): Krippenkinder Bewegungslandschaften. Freiburg: Herder.

Zimmer, R. (2014b): Miteinander erleben mit Tiger und Bär. 45 Projektideen für die Kita. Weinheim: Beltz.

Zimmer, R. (2018): Wilde Spiele zum Austoben. Durch Bewegung zur Ruhe kommen. Freiburg: Herder.

Zimmer, R. (2019a): Handbuch Sinneswahrnehmung. Grundlagen einer ganzheitlichen Erziehung. Freiburg: Herder.

Zimmer, R. (2019b): Handbuch Psychomotorik. Theorie und Praxis der psychomotorischen Förderung von Kindern. Freiburg: Herder.

Zimmer, R. (2019c): Handbuch Sprache und Bewegung. Alltagsintegrierte Sprachbildung in der Kita. Freiburg: Herder.

Zimmer, R. (2020): Handbuch Bewegungserziehung. Grundlagen für Ausbildung und pädagogische Praxis. Freiburg: Herder.

Zimmer, R. (2021): Eine kleine Ballgrammatik. Spielerische Zugänge zur Sprache. Freiburg: Herder.

Zimmer, R./Vahle, F. (2012): Ping Pong Pinguin. Lieder zur Sprach- und Bewegungsförderung. Freiburg: Herder.